ECOS DA CLÍNICA

Coleção Clínica Psicanalítica
Títulos publicados

1. **Perversão**
   Flávio Carvalho Ferraz
2. **Psicossomática**
   Rubens Marcelo Volich
3. **Emergências Psiquiátricas**
   Alexandra Sterian
4. **Borderline**
   Mauro Hegenberg
5. **Depressão**
   Daniel Delouya
6. **Paranoia**
   Renata Udler Cromberg
7. **Psicopatia**
   Sidney Kiyoshi Shine
8. **Problemáticas da Identidade Sexual**
   José Carlos Garcia
9. **Anomia**
   Marilucia Melo Meireles
10. **Distúrbios do Sono**
    Nayra Cesaro Penha Ganhito
11. **Neurose Traumática**
    Myriam Uchitel
12. **Autismo**
    Ana Elizabeth Cavalcanti
    Paulina Schmidtbauer Rocha
13. **Esquizofrenia**
    Alexandra Sterian
14. **Morte**
    Maria Elisa Pessoa Labaki
15. **Cena Incestuosa**
    Renata Udler Cromberg
16. **Fobia**
    Aline Camargo Gurfinkel
17. **Estresse**
    Maria Auxiliadora de A. C. Arantes
    Maria José Femenias Vieira
18. **Normopatia**
    Flávio Carvalho Ferraz
19. **Hipocondria**
    Rubens Marcelo Volich
20. **Epistemopatia**
    Daniel Delouya
21. **Tatuagem e Marcas Corporais**
    Ana Costa
22. **Corpo**
    Maria Helena Fernandes
23. **Adoção**
    Gina Khafif Levinzon
24. **Transtornos da Excreção**
    Marcia Porto Ferreira
25. **Psicoterapia Breve**
    Mauro Hegenberg
26. **Infertilidade e Reprodução Assistida**
    Marina Ribeiro
27. **Histeria**
    Silvia Leonor Alonso
    Mario Pablo Fuks
28. **Ressentimento**
    Maria Rita Kehl
29. **Demências**
    Delia Catullo Goldfarb
30. **Violência**
    Maria Laurinda Ribeiro de Souza
31. **Clínica da Exclusão**
    Maria Cristina Poli
32. **Disfunções Sexuais**
    Cassandra Pereira França

33. Tempo e Ato na Perversão
Flávio Carvalho Ferraz

34. Transtornos Alimentares
Maria Helena Fernandes

35. Psicoterapia de Casal
Purificacion Barcia Gomes
Ieda Porchat

36. Consultas Terapêuticas
Maria Ivone Accioly Lins

37. Neurose Obsessiva
Rubia Delorenzo

38. Adolescência
Tiago Corbisier Matheus

39. Complexo de Édipo
Nora B. Susmanscky de Miguelez

40. Trama do Olhar
Edilene Freire de Queiroz

41. Desafios para a Técnica Psicanalítica
José Carlos Garcia

42. Linguagens e Pensamento
Nelson da Silva Junior

43. Término de Análise
Yeda Alcide Saigh

44. Problemas de Linguagem
Maria Laura Wey Märtz

45. Desamparo
Lucianne Sant'Anna de Menezes

46. Transexualidades
Paulo Roberto Ceccarelli

47. Narcisismo e Vínculos
Lucía Barbero Fuks

48. Psicanálise da Família
Belinda Mandelbaum

49. Clínica do Trabalho
Soraya Rodrigues Martins

50. Transtornos de Pânico
Luciana Oliveira dos Santos

51. Escritos Metapsicológicos e Clínicos
Ana Maria Sigal

52. Famílias Monoparentais
Lisette Weissmann

53. Neurose e Não Neurose
Marion Minerbo

54. Amor e Fidelidade
Gisela Haddad

55. Acontecimento e Linguagem
Alcimar Alves de Souza Lima

56. Imitação
Paulo de Carvalho Ribeiro

57. O tempo, a escuta, o feminino
Silvia Leonor Alonso

58. Crise Pseudoepiléptica
Berta Hoffmann Azevedo

59. Violência e Masculinidade
Susana Muszkat

60. Entrevistas Preliminares em Psicanálise
Fernando José Barbosa Rocha

61. Ensaios Psicanalíticos
Flávio Carvalho Ferraz

62. Adicções
Decio Gurfinkel

63. Incestualidade
Sonia Thorstensen

64. Saúde do Trabalhador
Carla Júlia Segre Faiman

65. Transferência e Contratransferência
Marion Minerbo

66. Idealcoolismo
Antonio Alves Xavier
Emir Tomazelli

67. Tortura
Maria Auxiliadora de Almeida Cunha Arantes

68. Ecos da Clínica
Isabel Mainetti de Vilutis

COLEÇÃO CLÍNICA PSICANALÍTICA
Dirigida por Flávio Carvalho Ferraz

ECOS DA CLÍNICA

Isabel Mainetti de Vilutis

Casa do Psicólogo®
uma empresa PEARSON

1ª Edição *2013*
Editor *Ingo Bernd Güntert*
Gerente Editorial *Fabio Alves Melo*
Coordenadora Editorial *Marcela Roncalli*
Assistente Editorial *Cíntia de Paula*
Produção Editorial *Casa de Ideias*
Capa *Yvoty Macambira*

Dados Internacionais de Catalogação na Publicação (CIP)
Angélica Ilacqua CRB-8/7057

Vilutis, Isabel Mainetti de

Ecos da clínica / Isabel Mainetti de Vilutis. - São Paulo : Casa do Psicólogo, 2013. (Coleção Clínica Psicanalítica / dirigida por Flávio Carvalho Ferraz)

Bibliografia

ISBN 978-85-8040-382-4

1. Psicanálise 2. Psicologia clínica 3. Adolescentes – psicanálise 4. Sexualidade infantil

13-0950 CDD 616.8917

Índices para catálogo sistemático:
1. Psicanálise

Impresso no Brasil
Printed in Brazil

Casapsi Livraria e Editora Ltda.
Rua Simão Álvares, 1020
Pinheiros • CEP 05417-020
São Paulo/SP – Brasil
Tel. Fax: (11) 3034-3600
www.casadopsicologo.com.br

Para Damián, Luana, Helena, Sofia e Antonio.
Minha querida família.

Sumário

Agradecimentos

Este livro não seria possível sem o estímulo e interlocução de muitas pessoas que contribuíram para minha formação e para as posteriores reflexões sobre a clínica que procuro transmitir aqui.

Sou grata a meus analistas e supervisores que, em diferentes momentos de minha vida, tiveram a paciência de escutar-me; e também aos meus colegas do Curso e do Departamento de Psicanálise do Instituto Sedes Sapientiae, pelo frutífero trabalho que desenvolvemos juntos há tanto tempo.

Agradeço a meus alunos, supervisionandos e pacientes pela experiência pessoal e intransferível que eles me proporcionam no exercício da psicanálise.

Um agradecimento especial a Ana Maria Sigal, pelo prefácio e por tantos momentos profissionais e afetivos compartilhados nos últimos 40 anos.

Para finalizar, minha sincera gratidão a Flávio Carvalho Ferraz, pelo cuidado e pelo carinho no trabalho de edição.

Prefácio

Um livro de autor pressupõe reunir, em um único volume, uma série de artigos que, por si, criam um conjunto. Na trajetória de um psicanalista há temas que reverberam. Numa leitura fina de seu material vemos que, mesmo tratando-se aparentemente de realidades diversas, as questões autorais mantêm um determinado fio.

Isabel Mainetti de Vilutis dá conta desta tarefa, selecionando uma série de trabalhos que, sem dúvida, possuem uma diretriz: *a clínica*.

Clinicar pressupõe muito mais do que levar em frente um tratamento: pressupõe questionar-se, conduzir uma cura, pensar nos determinantes teóricos que nos dão a malha de fundo pela qual duas pessoas percorrem um caminho comum. Clinicar pressupõe dar conta das regras técnicas que nos determinam o espaço analítico, no qual se entrecruzam duas subjetividades; pressupõe tomar posições, inovar para atender à necessidade que o processo analítico demanda para ter lugar e sustentar-se.

Clinica-se a partir de algum lugar. E este lugar está determinado pelo arsenal que construímos por meio da teoria, que funciona como pano de fundo no qual se apoia nossa escuta.

A metapsicologia, que parece distante, está entremeada com a clínica, dando-lhe sustentação. O conceito de pulsão, o lugar do Édipo na história, a segunda tópica e o modo como se constitui a subjetividade constroem, por sua vez, nosso lugar de escuta como analistas.

Nunca duas histórias serão as mesmas; nunca dois encontros estarão determinados pelo mesmo dispositivo analítico. Como se trabalha, o que se interpreta, quais são os determinantes que, numa patologia, tornam manifesto o sintoma, tudo isso estará determinado pela leitura e pela escuta que o psicanalista pode fazer. E esta, por sua vez, se dará também em função de sua própria história, de sua ética, de sua análise e da formação que foi escolhendo, a cada momento, para encontrar respostas a suas interrogações.

O texto de Isabel tem uma trama interna que dá conta deste percurso. Mostra quais são os seus autores de referência. Mostra a ampla gama de leituras que lhe permite uma escuta não dogmática. Mostra-nos uma formação que circula por diversos pensamentos sem uma adesão coagulada, com mestres aos quais se permite interpelar e reinterpretar.

A história da psicanálise lhe serve para abrir interrogantes e encontrar respostas para as dificuldades que seu fazer lhe impõe. Não é fácil encontrar esta riqueza em textos clínicos. O que vemos, em geral, é que os autores se apegam a discursos, a fim de encontrar uma cartilha para suas intervenções. Adquirem uma identidade especular com os mestres que lhes oferecem legalidade aos fazeres. A teoria, nesses autores, se apresenta como escudo que autoriza seu trabalho. Não é assim no trabalho de Isabel.

Poderíamos pensar que a autora nos dará receitas quando nos diz *como*, *o quê* e *quando* interpretar. Qual não é a nossa surpresa, entretanto, ao encontrar uma refinada análise dos impasses deste fazer do analista, que abre interrogantes para ajudar-nos a pensar.

Isabel faz uma opção que explicita sua ética e sua posição teórica. Referindo-se à psicanálise, ela nos diz: "Caracterizo tal prática como uma 'cura pela palavra', e recorro a Freud na explicitação das condições para que ela aconteça". Esta é uma linha mestra que se vê no decorrer do livro.

Falar põe em jogo um transcorrer do tempo e um interesse pela história. Repetição, inversão, reincidência, reação terapêutica negativa, construção em análise são temas que aparecem e reaparecem em seus trabalhos. E que são considerados, pela autora, a partir de seu fazer. Há uma inclusão de diacrônica e sincrônica das inscrições. O histórico adquire riqueza quando se transforma em atual pela transferência. No artigo sobre a sexualidade infantil, ela nos diz que é necessário "perceber que a realidade psíquica adquire o maior relevo na técnica psicanalítica, e que deve existir em relação a ela um aplanamento da escuta do analista: é válida a lembrança, o relato ou um dado vivencial, desde que apareçam na associação livre do paciente".

Há um modo de tratar o tempo e a história na psicanálise. Vemos como a autora incorpora um entrecruzamento entre a história social e a particular do paciente. Se, por um lado, a história vivencial deixa marcas que serão lidas à luz das elaborações feitas pelo paciente, não é possível, por outro lado, negar que os momentos e as circunstâncias históricas que determinam certas marcas possuem um peso fundamental. E estas, se bem transmitidas pelo Outro que nos acompanha na nossa formação subjetiva, são as marcas sociais que também fazem parte de nossos fantasmas. Ao citar Bauman e Allouche e trabalhar o luto na pós-modernidade, incluindo os imaginários culturais, Isabel nos mostra que as circunstâncias sociais são determinantes na formação de certas patologias. Trata-se de um trabalho no qual estrutura e história se revelam importantes.

Sua clínica mantém o princípio freudiano de pesquisar o sexual-infantil na constituição das neuroses, mas se amplia e se abre ao incluir o narcisismo e o traumático como novos horizontes que adquirem, com o tempo, um lugar de destaque no pensamento dos pós-freudianos. Na clínica da melancolia e do *acting out*, a autora nos dá amplas referências da incorporação teórica desses conceitos.

É com prazer que apresento o trabalho de Isabel, uma psicanalista encantada com a clínica, assim como com a transmissão. A clareza de seus trabalhos está relacionada ao longo percurso que ela vem desenvolvendo como professora no Curso de Psicanálise do Instituto Sedes Sapientiae. A transmissão nos obriga a aprofundar e a destrinchar as incógnitas que o texto nos oferece. A leitura de seu texto é *para nós*. Nela, o outro está incluído. É uma leitura generosa e desprendida, que tem por objetivo preparar a terra para que fecundem as ideias de quem *lê junto* e de quem nos escuta. Cada leitura é uma nova espiral, que alarga a possibilidade de encontrar novos caminhos em textos já conhecidos. Cada releitura nos impulsiona a buscar o que outros autores já pensaram e escreveram sobre o que Freud nos diz.

Faz 25 anos que Isabel ministra seminários no Instituto Sedes Sapientiae, instituição de formação que tem como linha fundamental oferecer uma leitura profunda e sistemática do trabalho freudiano, enriquecendo-o com os aportes dos pós-freudianos e cruzando-o com a clínica. Pela bibliografia abordada, percebe-se que, sem dúvida, Isabel tem mais afinidade com os autores franceses: Green, Nasio, Kristeva, Perrier, Pontalis e Lacan, entre outros, dialogando com Freud nos seus trabalhos.

Une-me a Isabel uma longa amizade, consolidada nos longos anos de convivência e de trabalho compartilhado desde sua chegada ao Brasil, em outubro de 1976. Ainda que já a conhecesse desde a Argentina, nosso caminho pessoal e psicanalítico se estreitou neste país, no qual chegamos, à procura de um caminho para continuar nossa história, tivemos uma acolhida muito especial e carinhosa. Como muitos argentinos que emigraram naquela época, Isabel vinha com uma apurada formação no trabalho institucional. A psicanálise na Argentina tinha um amplo espaço nas instituições públicas, e grande parte da formação dos analistas tinha lugar nos hospitais e em instituições de atendimento à população. Era um sonho freudiano que a análise pudesse expandir suas fronteiras. Aqueles foram anos produtivos, nos quais muito se trabalhou para pensar um modo de permitir que a psicanálise desse conta de um grupo social mais amplo. Bem como de permitir uma formação mais democrática, que não estivesse tão pautada pelo nível econômico dos candidatos. Os grandes analistas davam seminários e supervisões nos hospitais públicos. A psicanálise teve uma grande expansão na carreira de Psicologia, e se multiplicavam os espaços de formação. Isabel fez residência no ano de 1973, no Hospital Neuropsiquiátrico de Mulheres "Braulio Moyano", atendendo durante três anos mulheres psicóticas internadas e pacientes ambulatoriais. Ali realizou cursos de formação de orientação analítica e teve supervisões clínicas, além de ministrar cursos sobre a abordagem do paciente psicótico.

No Brasil, participou da fundação do Instituto de Psicologia Social (IPSO) de Diadema, coordenando o setor de tratamento ambulatorial de adolescentes e seus pais de 1978 a 1981, anos de efervescência, no Brasil, do trabalho psicanalítico ligado à saúde pública. De 1983 a 1986 coordenou, junto com três colegas psicanalistas, o Programa de Saúde Mental, do Município de Osasco. Desenvolvido em oito unidades de saúde do município, oferecia atendimento ambulatorial a crianças, adolescentes e adultos, além de atendimento preventivo à comunidade. Em 1988 incorporou-se à equipe de formação do Curso de Psicanálise do Instituto Sedes Sapientiae, onde permanece até hoje.

É esse longo percurso, em que construí junto a Isabel um trabalho, que me permite recomendar este livro. Foi acompanhando seu trabalho no consultório e na instituição que nela descobri uma psicanalista com uma escuta especial, com uma delicada agudeza para encontrar os fios que permitem fazer de uma teoria extremamente complexa algo simples, do qual podemos nos apropriar.

Ana Maria Sigal
São Paulo, agosto de 2013.

1.

A INTERPRETAÇÃO: O QUÊ? COMO? QUANDO?[1]

De que maneira e por que meios a interpretação vincula uma teoria do inconsciente com a prática clínica? Esta é a questão que será explorada no presente trabalho. Considero que questionar simplesmente *o quê*, *como* e *quando* interpretar reduz a questão da interpretação, de certa forma, a uma fenomenologia da clínica. Daí a necessidade de ampliarmos esses interrogantes no sentido de nossa pergunta inicial.

Por outro lado, nenhum discurso sobre a interpretação adquire valor se não é referido à própria clínica. Por esta razão, este trabalho parte daquilo que posso dizer da teoria a partir de minha prática clínica, que se dá, prioritariamente, com pacientes neuróticos adultos. Caracterizo tal prática como uma "cura pela palavra" e recorro a Freud na explicitação das condições para que esta aconteça.

---

1 Apresentado no Departamento de Psicanálise do Instituto Sedes Sapientiae (São Paulo), em 12 de setembro de 1990.

Do lado do paciente: a impossível tarefa de associar livremente. Do lado do analista: a atenção flutuante; não como livre associação, mas como possibilidade de escutar, "suspendendo o que habitualmente chama sua atenção: inclinações pessoais, preconceitos, pressupostos teóricos etc." (Laplanche & Pontalis, 1964, p. 37). Ainda do lado do analista: abstinência, condição em que o tratamento tem que ser realizado.

Vemos que, até o fim de sua obra, Freud (1937a) insiste em excluir a possibilidade de relações sexuais entre analista e paciente. E, quanto a outras formas sutis de satisfação, tais como preferência, intimidade etc., admite que só serão concedidas ao paciente em "medida exígua" (p. 416). Ele nos alerta, uma e outra vez, para os perigos de trairmos a verdade desejante do paciente, que adquire inúmeras vezes a qualidade de verdade histórica. A advertência contra o abuso de poder por parte do analista e os perigos implícitos na índole sugestiva da transferência positiva também é frequente (Freud, 1937a e 1937b).

Nesse sentido, considero que a interpretação vincula teoria e prática clínica a partir de uma ética da função analítica, que pressupõe a fidelidade à tarefa de possibilitar a emergência do desejo inconsciente do paciente. Mas em que consiste esta possibilitação? Freud (1937b) fala em decifração, outorgação de sentido, liberação. Nenhuma destas definições anula a anterior. Existem outras ainda: tornar consciente o inconsciente, decifrar ideias latentes presentes no conteúdo manifesto (do sonho), trabalhar com os caracteres de uma escrita hieroglífica, compensar a ignorância (do paciente) com nosso saber. Tratam-se de definições contraditórias, que não se anulam entre si na obra freudiana e que correspondem a diferentes momentos teóricos.

Eis aqui uma articulação indispensável entre interpretação e saber teórico. Não se trata de questionar o instrumento do trabalho do analista, mas de conceituar aquilo que escutamos pela via da interpretação. Sem dúvida, esta conceituação, por sua vez, orienta nossa escuta e, portanto, incide na interpretação. Podemos exemplificar melhor isso ao pensar nas origens da psicanálise, na sua vinculação com a hipnose e com a possibilidade de um saber sobre o fato traumático, para entendermos a enorme distância conceitual existente entre a palavra de ordem do hipnotizador e a pergunta freudiana, pelo sentido do sintoma e pelo desejo inconsciente. Esta distância não foi percorrida por Freud sem sobressaltos.

A sistematização do conceito de transferência coloca a interpretação em contato com a repetição, e esta leva a uma nova conceituação da pulsão, à descoberta de um "para além do princípio de prazer" e a uma nova tópica do aparelho psíquico. Ainda que o instrumento continue sendo a interpretação, ficam cada vez mais claros os limites de analisabilidade das resistências e dos estados patogênicos que respondem a falhas na significação inconsciente.

No capítulo V de "O ego e o id" (Freud, 1923), lemos o seguinte: "O medo da morte coloca para o analista um difícil problema, pois a morte é um conceito abstrato de conteúdo negativo para o qual não nos é possível encontrar nada correlato no inconsciente" (p. 30).

Em "Inibição, sintoma e angústia", Freud (1926) sistematiza cinco classes de resistência e define a resistência do superego como provinda do sentimento de culpabilidade ou necessidade de castigo. Afirma que esta "desafia todo esforço e, portanto, todo tratamento por meio da análise" (p. 65).

Parece-me importante discriminar entre os limites de analisabilidade das resistências e os eventuais limites da interpretação como ferramenta analítica. Analisabilidade de quem? Neste ponto – o dos limites – é que a análise pessoal do analista adquire uma dimensão prioritária. É ela que possibilita alargar os limites. Há resistências no paciente que só são possíveis de serem trabalhadas na medida em que não seja encontrada resistência na escuta analítica. A análise pessoal do analista fornece recursos para uma elaboração tal que a teoria possa operar na interpretação não de maneira ortopédica, mas produzindo efeitos inesperados e, muitas vezes, questionadores da sua própria conceituação.

Quando me refiro a uma maneira "ortopédica" de funcionamento da teoria, quero dizer que, muitas vezes, ela se transforma numa verdadeira "elaboração secundária", isto é, carrega sobre si os mesmos vícios de deformação e encobrimento do desejo inconsciente. Não que não contenha o desejo de alguma maneira, mas o torna pasteurizado, homogeneizado, isto é, "domesticado"!

Tenho a impressão de que os analistas se tornaram mais liberais com relação às expectativas de que o paciente se realize satisfatoriamente no amor, no trabalho etc., mas, por outro lado, parece que aumentaram as exigências em relação ao que dele se deve esperar numa análise. Isto é formulado de diversas maneiras, segundo as diferentes linhas de pensamento psicanalítico: aceitação da castração, fortalecimento do ego, posição depressiva, travessia do fantasma...

Nesse sentido, resgato a proposta freudiana de aceitar que o paciente escolha até onde vai e que possa até mesmo escolher a doença. Sem dúvida, falo de um tipo de escolha que não é consciente, mas limitada por múltiplas determinações. O trabalho de interpretação estará relacionado a essas determinações e não a suas consequências para o sujeito. Isso inverte a pergunta: o que pode esperar de nós o paciente?

Em princípio considero que ele pode esperar a ética, que mencionei no início, no sentido de um compromisso com o desvendamento do inconsciente, que não pode ser orientado por um ideal de cura do analista, mas terá efeitos necessariamente sobre a conceituação teórica do tratamento que esse analista elabora.

Que papel cabe à interpretação nesta articulação? Sabe-se que é um papel inconsciente, que provoca também efeitos que enriquecem a psicanálise como método de investigação.

Nossa conceituação teórica é fruto da análise pessoal que se atualiza e se redimensiona (e não necessariamente se confirma ou se repete) em nossa prática clínica. Pode-se afirmar que a antiga máxima freudiana de que ninguém pode ser morto *in absentia* ou *in effigie* adquire nova força teórica. Afasta a intervenção do analista em tentativas profiláticas ou na prevenção de possíveis conflitos e equipara a enunciação do analista de um saber teórico durante o processo analítico à leitura de um texto de psicanálise: "O leitor se torna 'estimulado' somente por aquelas passagens que se aplicam a ele mesmo, isto é, que concernem aos conflitos que nele estão ativos naquele momento" (Freud, 1937a, p. 555).

A interpretação fica, por assim dizer, vinculada à atualização transferencial do pensamento inconsciente e, como tal, deve ser a interpretação deste texto, na transferência. Isto impossibilita o estabelecimento de uma fenomenologia da interpretação: esta não pode ser garantida, em sua eficiência, por meio de uma conduta ritualizada do analista, seja de silêncio, de pontuação no discurso do paciente, de livre associação do analista, de expressão dos seus sentimentos ou de inspiração súbita (divina?).

Como, então, interpretar este desejo recalcado – na melhor das hipóteses, ignorado e repetido, sem ter sido jamais esquecido – no automatismo que insiste numa análise? Freud (1911), trabalhando com as memórias de Schreber, afirma que "apenas através de muitas tentativas, e depois de familiarizar-se melhor com o assunto, (o analista) poderá traçar os limites corretos da interpretação lícita" (p. 36). Ainda que ele se refira aqui ao trabalho com um texto escrito, permito-me extrapolar esta recomendação para a escuta analítica. Entendo a expressão "familiarizar-se com um assunto" no sentido de sermos introduzidos na cena familiar do paciente, da sexualidade infantil, que nos chega fragmentada no seu relato.

É interessante como coexistem duas cenas na sessão analítica: o paciente vem a nosso encontro, deita-se no divã de nossa sala, tenta desesperadamente nos capturar a partir dos objetos que nos circundam, refere-se à nossa maneira de vestir, de decorar o ambiente etc. E nosso único saber consiste em deixar esta cena para introduzirmo-nos numa outra, cujo lugar estará delimitado pela instalação da transferência. É a partir dali que nos será possível escutar o texto que devemos interpretar. Esta "presença-ausência" enquanto analista só é possível a partir da própria análise pessoal e do trabalho de elaboração teórica que a clínica nos impõe. Podemos usar – com todas as limitações que as comparações acarretam – o exemplo do ator. Ele interpreta o texto de um outro que lhe marca o lugar e a fala. Quanto melhor interpreta, mais desaparece enquanto ator. Não achamos traços dele no personagem.

A análise pessoal até que nos permite uma boa improvisação, isto é, inúmeros recursos do próprio texto. Para interpretar é preciso também o reconhecimento de uma linhagem teórica psicanalítica e a participação na produção desta. É necessário poder discriminar, das aparências que a transferência nos coloca, aquilo que é da ordem de uma legalidade inconsciente: o que repete, o que resiste, o que expressa desejo... É nesse sentido que um esquema referencial conceitual é importante. Como formular, então, essa interpretação lícita?

Considero estéril uma discussão quanto à forma que a interpretação pode adquirir, já que sua legitimidade será dada pela fidelidade ao desejo inconsciente do paciente. Não existe uma maneira privilegiada de interpretar. Existem condições que permitem ou invalidam a interpretação. Nesse sentido, cabe tanto a pergunta freudiana como a interpretação heurística, o silêncio, a pontuação, desde que produza um efeito pela *via di levare*, tão cara a Freud (1923). Isto é, parafraseando-o: a terapia analítica não quer adicionar nada, não quer introduzir nada novo, senão, pelo contrário, tirar e extrair algo, e com esse fim preocupa-se com a gênese dos sintomas patológicos que se propõe fazer desaparecer. A partir deste ponto de vista, existe uma impossibilidade de ritualização da interpretação, e o *como* interpretar fica subordinado à localização do momento transferencial e ao reconhecimento do não dito do desejo.

A interpretação, quando eficiente e lícita, opera produzindo efeitos confirmatórios de ampliação e precisão de si mesma. Não é desejável que esta constitua, para o paciente, mais uma versão de si próprio com a qual ele deva lidar. Ao contrário, ela deve proporcionar alívio. Alívio no sentido de aligeirar, de dispensar as versões de si que só ecoam a resistência. Alívio pela desmistificação de um saber enganoso, ilusório. Alívio que permite a colocação em ato de um desejo. *Per via di levare...*

Para fundamentar estas ideias com elementos mais vivos à nossa reflexão, partirei de um exemplo da minha prática clínica. Como todo comentário de sessão de uma análise, foram necessários dados da história da paciente em questão que permitiriam tornar mais compreensível o material. De todo modo, pretendo com este relato pensar a interpretação que foi feita. De maneira fenomenológica, ela mais parece uma observação, ecoando, para a paciente, como uma reprimenda ou admoestação. No entanto – espero que isto se esclareça – a intervenção teve efeito de interpretação. Isto é, ela modificou o lugar no qual a paciente estava falando e aproximou-a de alguma verdade em relação ao seu desejo.

A paciente manifesta o seu sofrimento em relação ao fato de ter visto um rato no quintal de sua casa. Enquanto chora, descreve a situação de uma maneira requintada e muito detalhada. Fala como era o rato, sua cor, o trajeto percorrido pelo animal, o comprimento de seu rabo etc. No seu discurso, repete várias vezes "não posso ver um rato", em frases do tipo: "não posso ver um rato que fico assim tremendo, gemendo, feito uma louca"; "não posso ver um rato porque eles são velozes demais". Minha interpretação consiste em dizer a ela: "Olhou bastante para quem diz que não pode ver". Tento apontar o desejo de ver, e caracterizo o "não posso" como uma proibição, e não como uma impossibilidade. Ela responde: "Não, não. De fato me faz bem mal ver um rato. Bem mal..., que horror!... Bastante mal. Quis dizer bastante e não bem".

Por que chamo esta intervenção de interpretação? Em primeiro lugar, porque produziu um efeito – no caso, um ato falho – como resposta, não necessariamente confirmando-a, mas abrindo um novo significado que nos permite avançar, aproximarmo-nos de uma formulação que poderia ser da ordem de: "me faz bem ver (o horror) no rato". Em segundo lugar, a paciente parece estar falando a alguém que não pode saber que ela olha "bastante", já que esta é a palavra do meu discurso que ecoa admonitória sobre o dela.

Até o momento da minha fala, ela estava se queixando e gemendo na sessão, mostrando sua incapacidade, seu medo e seu horror, numa espécie de sofrimento passivo ao rato e também a alguma figura capaz de não sentir esses medos. Havia um notável prazer na descrição detalhada do rato, no mostrar esse rato, na sessão, a uma mãe fálica que poderia dar conta do horror e apaziguá-la. Considero que dizer "olhou bastante" é, por um lado, uma forma de reconhecer que o horror existe; e, por outro, é um modo de apontar para uma capacidade de vê-lo que a tira da atitude passiva inicial e coloca-me, também, num lugar diferente.

Agora ela se escuta dizendo que lhe faz "bem mal", e isso formula algo que é da ordem do seu desejo. "Me faz bem", devolve o "bastante" a minha conta, retificando-o, e inicia uma interrogação dela a respeito deste "bem". A descoberta de algo dela neste bem coloca em cena outra figura: há alguém capaz de dizer quanto é o bastante? Terei de sair também deste lugar para ela encontrar, aos poucos, em novas falas e na sua história pessoal, os símbolos deste horror.

Este exemplo também ilustra o que penso a respeito do *quando* da interpretação: saberemos que houve interpretação e quando, somente *a posteriori*. É impossível escutar pensando na interpretação, mas é imprescindível estarmos abertos aos efeitos que nossa interpretação produz.

Escultura feita em cima da rocha viva da castração, ou para além dela, a interpretação se vincula, no momento de sua formulação, com a dimensão atemporal e não contraditória do inconsciente, no que ele possui de capacidade de ser ressignificado. E a ressignificação opera no trabalho de elaboração feito pelo paciente. Assim, considero que a interpretação deva ser entendida não apenas no que tem de explicativa (isso é o menos importante), mas no que possibilita de apreensão do saber inconsciente. Refiro-me aqui a mudanças efetivas na inclusão e na possibilidade de modificação da realidade por parte do paciente.

Não podemos esquecer que quem nos procura sofre, e que o tempo desta angústia também conta nas nossas intervenções. Sabemos desde o início que ela é o motor da cura e que não deve ser aplacada com sub-rogados. Entendemos que isso não nos autoriza tampouco exacerbá-la com intervenções que o paciente não possa suportar, por mais adequada que elas possam ser do ponto de vista da articulação do material das associações livres. Sabemos que o paciente fala mais do que sabe estar falando. Fala também aquilo que não sabe. É disto que deverá apropriar-se quando lhe for possível.

O *quando* remete, na prática clínica, ao tempo do inconsciente e, em algumas práticas, determina o tempo da sessão. Na medida em que postulo a impossibilidade da certeza antecipada da interpretação, não associo ambos os tempos na minha prática clínica. Trabalho com um tempo cronológico de sessão durante o qual acontecem – ou não – intervenções, interpretações, efeitos etc. Considero que, do lado do analista, a única certeza continua sendo ética: oferecer ao analisante todas as opções possíveis para reexaminar e modificar – ou não – sua atitude e seu lugar na cena inconsciente que a determina. Cabe ao paciente colocar o ponto final na sua fala conosco quando a transferência, que se instalou no início da análise, se dissolver.

Referências bibliográficas

FREUD, S. (1911). Puntualizaciones psicoanalíticas sobre un caso de paranoia (*Dementia paranoides*) descrito autobiograficamente. *Obras Completas*. Buenos Aires: Amorrortu, 1973, v. 11.

______. (1923). El yo y el ello. *Obras Completas*. Madrid: Biblioteca Nueva, 1968; t. II.

______. (1926). Inhibición, síntoma y angustia. *Op. cit.*, t. II.

______. (1937a). Análisis terminable e interminable. *Op. cit.*, t. III.

______. (1937b). Construcciones en el análisis. *Op. cit.*, t. III.

______. (1938). Esquema del psicoanálisis. *Op. cit.*, t. III.

LAPLANCHE, J. & PONTALIS, J.-B. (1964) *Diccionario de psicoanálisis*. Barcelona: Labor, 1983.

2.

O SEXUAL-INFANTIL NA CLÍNICA PSICANALÍTICA[1]

Como conhecer jamais o menino? Para conhecê-lo tenho que esperar que ele se deteriore, e só então ele estará ao meu alcance. Lá está ele, um ponto no infinito. Ninguém conhecerá o hoje dele. Nem ele próprio. Quanto a mim, olho, e é inútil: não consigo entender coisa apenas atual, totalmente atual. O que conheço dele, é sua situação: o menino é aquele em quem acabaram de nascer os primeiros dentes e é o mesmo que será médico ou carpinteiro. Enquanto isso – lá está ele sentado no chão, de um real que tenho de chamar de vegetativo para poder entender. Trinta mil desses meninos sentados no chão, teriam eles a chance de construir um mundo outro, um que levasse em conta a memória da atualidade absoluta a que um dia já pertencemos?

(Clarice Lispector)[2]

---

1 Publicado originalmente na revista *Percurso* (ano VII, nº 13, 2º semestre de 1994, p. 79-82).

2 "Menino a bico de pena" (conto). In: *Felicidade clandestina*. Rio de Janeiro: Rocco, 1998, p. 71.

Existe uma maneira mediante a qual a fantasia acha uma possibilidade de satisfazer as pulsões sexuais infantis e continuar vinculada à realidade, acrescentando a ela valores estéticos universais: a arte. Talvez por isso a escolha do texto para introduzir essa criança mítica que permeia o trabalho clínico psicanalítico.

A artista chama a atenção para a extrema atualidade desse infante e, ao mesmo tempo, sinaliza para a dificuldade de apreendermos sua realidade, a não ser por meio de um trabalho reconstrutivo, imaginarizado *a posteriori*. Isto nos lembra a descoberta freudiana da sexualidade infantil a partir do trabalho com pacientes neuróticos adultos, que abre espaço para algumas questões que gostaria de frisar neste trabalho: Qual o tempo do infantil no processo analítico? Quando, hoje em dia, o infantil faz sua aparição no divã, é verdadeiramente escutado?

Freud (1916-17) alertava para os perigos da pedagogia uma vez de posse de um saber sobre a sexualidade infantil: uma tutela excessiva dos aspectos sexuais infantis poderia resultar num recalcamento também excessivo e, consequentemente, num empobrecimento da fantasia e da criatividade do ser humano (o fim das artes!). De outro lado, relaxamento e permissividade absolutos criariam um ser "incapaz de lidar com o ressurgimento da sexualidade próprio da puberdade" (p. 426).

Às vezes, tem-se a impressão de que em certas análises a criança é tratada pedagogicamente: permite-se que ela brinque um pouquinho, mas rapidamente exige-se dela que amadureça, racionalize etc.

Afirma François Perrier (1992):

> [...] *crescer* pode ser o primeiro fantasma da infância, pode ser também a questão das diferenças de dimensões possíveis entre um pênis flácido e um pênis em ereção. De qualquer modo há sempre uma ideologia progressista da qual, curiosamente, a psicanálise não escapa, nem mesmo Freud; e esta ideologia progressista que é, muito naturalmente, de início, o fantasma da criança, foi apesar de tudo inventada como saber e como lei pelos adultos (sem dúvida pelo que sobra de infantil neles). Com isso, torna-se a palavra infantil pejorativa (p. 312).

O autor trabalha esta questão em duas dimensões: criticando uma ideologia progressista da psicanálise, e tentando estabelecer um vínculo entre o infantil e o amor, a partir do questionamento sobre o amor: se é, por sua vez, progressista ou reacionário. Perrier associa o amor e a infância do sujeito e coloca isso como motor de mudanças e transformações, o que me leva a pensar que corre-se facilmente o risco de idealizar as crianças (e o amor!), perdendo-se, portanto, a possibilidade de estabelecer uma diferença mais nítida entre o infantil (na clínica) e a criança.

Se o infantil em psicanálise não coincide com a criança que o paciente foi, qual a realidade daquilo a que chamamos infantil? Por que não pode ser tratado pedagogicamente?

Menino a bico de pena

Gostaria de definir o infantil como o sexual esquecido. Nesse sentido, o infantil não coincide exatamente com o que a criança foi ou com o que ela lembra ter sido. Compartilhamos da dificuldade de Clarice Lispector (1998) para dizer o que a criança foi, para capturar sua extrema atualidade quando o era. O adulto nos fala de sua infância por meio de inúmeros recursos: seus sonhos, as lembranças, os atos falhos, pelo relato que ouviu de outros a respeito de si etc.

Freud (1899) nos alerta para a necessidade de outorgarmos um estatuto equivalente a essas produções, sem dar importância ao fato de elas remeterem ou não a situações realmente vividas. Podemos perseguir a verdade histórica, mas não devemos perder de vista que o que interessa ao trabalho analítico é a "realidade psíquica". Isso serve para diferenciarmos o infantil (realidade psíquica) e a criança ("o menino sentado no chão").

Esta realidade psíquica é de natureza sexual e, portanto, submetida às vicissitudes próprias da sexualidade: procura de satisfação, peremptoriedade, desconhecimento dos limites da realidade. Nesse sentido, o infantil da clínica está mais próximo dessa descrição do que a criança que nos lembramos de ter sido. Por isso, o infantil é o esquecido, aquilo que na luta entre o princípio do prazer e o de realidade precisou ser abandonado para nos tornarmos primeiro criança e depois adulto que fala da criança que crê ter sido.

Gosto de dizer "esquecido" porque é certo que o infantil está presente e atual no adulto; está esquecido, justamente, e reaparece com os gritos de uma criança perdida em um parque imenso e solitário. Grita nos sonhos, nos lapsos, está amarrado nos sintomas, na fala; reencontra-se na transferência como um Cupido que erotiza, inquieta e invade o processo analítico.

Frequentemente percebemos o quanto incomoda esta aparição súbita do infantil no processo analítico, e quão grande é o risco, ora de admoestá-lo, ora de esquecê-lo novamente, ou, ainda, de acolhê-lo como se acolhe uma criança imatura, à qual pareceria bastar um pouco de afeto. Admoestar e esquecer estariam dentro de uma linha pedagógica de trabalho, que – aliada ao fortalecimento do ego – tentaria reforçar o recalque. Acolhê-lo afetivamente, embora importante, não garante a necessária perlaboração do fenômeno ligado à sexualidade infantil, no sentido de permitir novas associações e possíveis formas de realização do desejo. Não é que, necessariamente, tenha faltado afeto quando aquilo que retorna na repetição procura análise. Provavelmente faltaram nomes, palavras, representações adequadas; ou sobraram normas e faltou legalidade.

Isso permite uma pequena digressão relativa ao temido *acting out* dos pacientes. Como acontece nas melhores famílias quando há excesso de normas numa análise, qualquer conduta diferente é caracterizada como *acting out*. Quando, ao contrário, o que se tenta com o enquadre psicanalítico é o estabelecimento de uma legalidade que permita a emergência do desejo inconsciente, parece-nos mais fácil incluir determinadas atitudes dos pacientes num contexto de significação mais ampla. A singularidade do inconsciente parece ser mais cabida, e o infantil é mais bem acolhido e interpretado. A importância atribuída ao *acting out* me parece estar relacionada com a importância atribuída à criança no processo analítico, e não ao infantil. Tal criança não concerne à psicanálise. O infantil não somente é convocado, é também o motor do processo.

De qualquer forma, é de psicanálise com adultos que falo e, portanto, resta a esperança de que a confusão entre o infantil e a criança não seja tão frequente, a menos que existam processos que tratem dos adultos como crianças. Infantilizar o paciente não é o objetivo visado pela descoberta freudiana. Convocar o infantil é deparar-se com um universo de pulsões parciais, atemporais, caóticas, mais próprias de um quadro de Salvador Dalí do que de um *bambino* de Rubens.

"Não venho à análise para falar que faço cocô todos os dias ou que soltei um pum no elevador. Essas são coisas corriqueiras que não precisam ser faladas." Isto dizia um paciente se queixando da falta de "assuntos importantes" para tratar naquela sessão. Na verdade, estava falando de cocô, de pum, e o prazer que isso lhe provocava era indisfarçável. Um riso ansioso acompanhava suas afirmações, e, defrontado com o silêncio da analista, teve a nítida sensação de "estar sendo inconveniente com aqueles comentários".

Curiosamente é um paciente que se refere aos "assuntos importantes" adjetivando-os sempre assim: "foi uma merda o que aconteceu hoje", ou então: "fiz outra cagada com Fulano". Poderíamos pensar que para ele está esquecido que, por trás dos assuntos importantes, há uma satisfação pulsional anal. Esta se repete cotidianamente como expulsão de um produto importante, que, uma vez realizado, vai literalmente por "água abaixo", sem lhe permitir encarar relações a longo prazo ou projetos com satisfação mais diferida, impedindo-o, portanto, de exercitar uma maior criatividade.

O infantil em psicanálise coincide com a criança que o paciente foi? Qual a realidade daquilo que chamamos infantil? Por que não se pode lidar com isso pedagogicamente?

Este exemplo propicia uma abertura para a questão da fala como representante da pulsão, já que esta "grita" no discurso do paciente (no palavrão, na gíria e na insistência de determinados significantes que se repetem, mesmo descrevendo as mais variadas situações). Nesse sentido, são ilustrativos alguns bordões usados pelos pacientes na introdução de suas falas: "veja bem", "escute só", "olhe aí" etc.

Também a partir desse exemplo clínico, podemos tecer algumas considerações a respeito do papel da reconstrução histórica do processo analítico. A constatação de uma insistência na forma de satisfação anal remete, teoricamente, a uma fase da organização da libido razoavelmente precoce. Podemos supor, ainda teoricamente, que um excesso de gratificação ou frustração determinou a existência de um ponto de fixação nesta fase, e que a constelação edípica do paciente reorganizou as vicissitudes pulsionais de maneira tal que nela está localizada grande parte do seu prazer e, portanto, de seu sofrimento (a imediata sensação de estar sendo inconveniente com sua fala).

Faz-se presente o sexual infantil, ressignificado edipicamente, na fala de um adulto que sofre e procura alívio para sua angústia na análise. Como lidar, então, com esta situação?

Retomando o que foi dito no início deste trabalho, não estamos perante uma criança que brinca com suas fezes, e uma interpretação neste sentido seria, no mínimo, inoperante ou pedagógica.

Freud (1899) é categórico ao afirmar a importância da reconstrução histórica: houve excesso de gratificação ou frustração? De que maneira o conflito edípico e a angústia de castração ressignificaram essa situação? A tentativa pode ser descartada – e com razão – se for simplificada como compreensão da verdade histórico-vivencial. Em seu próprio texto achamos pistas de que não se trata desta pesquisa:

> Nossas lembranças infantis mostram-nos nossos primeiros anos não como eles foram, mas como nos apareceram nos períodos posteriores em que as lembranças foram

> despertadas. Nesses períodos do despertar, as lembranças infantis, como costumamos dizer, *não emergiram: elas foram formadas* nessa época. E inúmeros motivos, sem nenhuma referência à precisão histórica, participam de sua formação, assim como da seleção das próprias lembranças (grifo do autor, p. 354).

Uma leitura mais demorada de Freud permite perceber que a realidade psíquica adquire o maior relevo na técnica psicanalítica, e que deve existir em relação a ela um aplanamento da escuta do analista: é válida a lembrança, o relato ou um dado vivencial, desde que apareçam na associação livre do paciente. Qualquer atitude seletivo-valorativa do conteúdo da fala do paciente implica uma ruptura do compromisso com a atenção flutuante por parte do analista. Nesse sentido, é um fato inegável que todos os pacientes falam de sua infância, a menos que sejam induzidos a descartar esses conteúdos como não atuais ou não significativos para sua análise (isto é, que sejam admoestados por recriar a criança fantasiosamente e por não se comportarem como crianças aqui e agora).

Se a cura analítica é encarada como uma possibilidade de simbolização do sexual inconsciente, isto é, um processo que permita a satisfação pulsional adequada ao princípio de realidade, com mais realidade criativa e menos sofrimento, o trabalho analítico deverá levar em conta o percurso de cadeias associativas cortadas, recalcadas, inibidas, negadas etc., que originaram circuitos de satisfação repetitivos e empobrecedores. A psicanálise resgata a história infantil no que ela tem de atual, de produtora de efeitos e modificações; reconstruí-la tem por objetivo propiciar-lhe novos caminhos.

O infantil grita na análise como uma criança perdida em um parque imenso e solitário. Não devemos somente acolhê-lo; também é importante descobrir onde se perdeu e por quê. Talvez, então, consiga andar pelo parque sozinho e possa perder-se de nós sem medo.

Referências bibliográficas

FREUD, S. (1899). Lembranças encobridoras. *Edição Standard Brasileira das Obras Psicológicas Completas*. Rio de Janeiro: Imago, 1976, v. III.

______. (1916-17). Conferência 23: Os caminhos da formação dos sintomas. Conferências introdutórias sobre psicanálise. *Op. cit.*, v. XVI.

LISPECTOR, C. Menino a bico de pena. In: *Felicidade clandestina*. Rio de Janeiro: Rocco, 1998.

PERRIER, F. *Ensaios de clínica psicanalítica*. São Paulo: Escuta, 1992.

REFERÊNCIAS BIBLIOGRÁFICAS

3.

Culpa e identificação na clínica da melancolia[1]

Freud inicia a elaboração de "Luto e melancolia" em 1915. É possível que as grandes linhas do texto já estivessem definidas nesse ano, apesar de sua publicação ocorrer só dois anos mais tarde, em 1917. Parece-me importante ressaltar essa data por dois motivos: por um lado, sua escrita acontece durante a Primeira Guerra Mundial, momento de desestruturação da Europa, de destruição de importantes conquistas da civilização, de desagregação das famílias (dois filhos de Freud estão no *front* nesse momento) e de ameaça, também, para a incipiente organização do movimento psicanalítico.

Abraham e outros discípulos são mobilizados para exercerem tarefas médicas que os afastam temporariamente da clínica psicanalítica. Freud se propõe a escrever uma série de doze trabalhos metapsicológicos – entre os quais está "Luto

1 Publicado originalmente no livro *Freud: um ciclo de leituras*, organizado por Silvia Leonor Alonso & Ana Maria Siqueira Leal. São Paulo: Escuta/Fapesp, 1997, p. 181-189.

e melancolia" – para garantir a transmissão da psicanálise que, nesse momento conturbado, realizava-se fundamentalmente por meio de publicações esporádicas nas revistas *Imago* e *Zeitschrift*. A troca de correspondência com seus discípulos – especialmente com Abraham – é reveladora no que diz respeito a essa inquietação de Freud com o destino da psicanálise, e dela não estão ausentes os comentários preocupados sobre o desenrolar da guerra e suas consequências para o futuro da Europa.

O segundo motivo que me leva a lembrar o ano de 1915 é o fato de Freud ter escrito, no ano anterior, "Introdução ao narcisismo". A contemporaneidade de ambos os trabalhos não surpreende, já que em certo sentido a proximidade teórica e conceitual entre eles é evidente. No marco mais amplo da obra freudiana como um todo, esses textos são os articuladores da passagem da primeira tópica freudiana (inconsciente – pré-consciente – consciente) à segunda (ego – id – superego). Também questionam a primeira teoria pulsional: como explicar, por exemplo, o suicídio melancólico com uma teoria que postula uma dialética entre pulsão de autoconservação e pulsão sexual? Por fim, aprofundam a conceituação da identificação, noção esta de vital importância para a compreensão da constituição do ego e do superego, e cuja formulação mais sistemática somente ocorrerá em "Psicologia das massas e análise do ego" (Freud, 1921).

Ainda que possamos falar dos dois textos como constituindo uma unidade teórica e conceitual, meu trabalho tentará acompanhar a especificidade de "Luto e melancolia" a partir da ótica de suas implicações na clínica.

Coincido com Julia Kristeva (1994) quando afirma que "a depressão é o mal do nosso século" (p. 15). Considero que a vigência do texto freudiano reside no alerta quanto à impossibilidade de domesticação da dor constituinte da natureza humana. Perante a proliferação de panaceias miraculosas que ameaçam aquietar e igualar a resposta diante da dor da alma, continua sendo quase subversivo deter-se para pensar na queixa melancólica que, no dizer de Freud, é queixa e também é "dar queixa" contra aquilo que fere, abandona e esvazia.

Parece-me significativo que na primeira parte do texto, Freud se dedique a estabelecer uma diferença entre o luto normal, o luto patológico e a melancolia. Ele escolhe um processo normal – o luto – para introduzir a melancolia, repetindo o que fizera com o sonho, como formação inconsciente normal, para introduzir sua teoria do narcisismo. Podemos pensar que ele aproxima os dois fenômenos – luto e melancolia – para facilitar-nos a apreensão mais sensível dos processos em questão, enquanto, ao mesmo tempo, alerta-nos para o velho ditado: as aparências enganam!

Tanto no luto quanto na melancolia o sujeito defronta-se com a perda de um objeto importante para sua economia libidinal. No luto, a libido que catexizava esse objeto deverá ser retirada aos poucos (processo extremamente doloroso para o sujeito) para poder, posteriormente, ser reinvestida em um novo objeto.

Freud situa as diferenças entre o luto normal ou patológico e a melancolia, nas vicissitudes desse processo. Veremos que elas acontecem em relação ao tipo de escolha de objeto e, também, que incidem no destino do investimento libidinal. Ao falarmos de objeto devemos nos lembrar que nos referimos a sua representação inconsciente, a qual é catexizada (investida) libidinalmente. A pulsão à procura de satisfação orienta-se na escolha desse objeto que, se bem a satisfaz, também a frustra. Ele está presente e ao mesmo tempo falta, e mediante um longo processo de luto vai se diferenciando como outro heterogêneo que podemos perder definitivamente. Freud destaca a importância do objeto para a economia libidinal do sujeito, não somente como história vivida nos percalços do vínculo com ele, mas também quanto às expectativas criadas em torno dele. É como se – ao perdê-lo, ou perdendo seu amor – perdêssemos também a dimensão de futuro, ficando condenados à certeza de um presente triste e sombrio. Talvez possamos estabelecer aqui uma diferença entre o luto e a melancolia: quando Freud (1915) afirma que o melancólico "de fato sabe quem ele perdeu, mas não o que perdeu nele (no objeto)", está se referindo a uma escolha de objeto na qual impera a idealização, onde a discriminação eu/não eu praticamente inexiste, ou seja, uma escolha narcísica de objeto. Chama-lhe a atenção, também, que na melancolia ocorra um rebaixamento extraordinário do sentimento de si e da autoestima, fato que ele atribui a um enorme empobrecimento do ego. Diz Freud (1915):

> No luto é o mundo que se tornou pobre e vazio; na melancolia é o próprio ego. O doente nos descreve seu ego como indigno, incapaz e moralmente desprezível: ele se recrimina, se insulta e espera ser rejeitado e castigado (p. 132).

Vemos, assim, que se a escolha de objeto é predominantemente narcísica, isto é, se o que se escolhe no objeto nada mais é do que um traço do próprio ego, formando, então, o objeto e o ego um todo homogêneo, o que se perde com o objeto é o próprio eu. Não convém, porém, pensar que a permanência e predominância da escolha de objeto narcísica seja suficiente para explicar completamente a diferença entre o luto e a melancolia. Esse tipo de escolha presente em várias patologias (psicose, histeria) não condiciona necessariamente o surgimento da afecção melancólica, nem permite elucidar, por exemplo, o suicídio melancólico. É justamente a partir do questionamento pelos motivos que levariam o paciente melancólico a atentar contra si, a procurar a morte, que Freud discorre sobre as características ambivalentes dessa escolha objetal. Se Narciso assombra a escolha objetal melancólica, é também a partir da melancolia que a pulsão de morte espreita no horizonte próximo da teoria freudiana. Será só em 1920 que Freud postulará a existência da pulsão de morte como fascínio pelo retorno ao nada, ao inorgânico. A falta dessa conceituação limita, em parte, a compreensão de nosso texto, já que Freud recorre à ambivalência de amor e ódio pelo objeto para explicar a falta de sentido que a vida tem para o melancólico, assim como suas recriminações e a autodepreciação que o levariam – no extremo – à morte. É sabido, porém, que a ambivalência afetiva é a vinculação originária com o objeto. Sua persistência e não elaboração não são patrimônio exclusivo da melancolia, sendo a neurose obsessiva um claro exemplo desse tipo de vínculo objetal. Observamos também lutos patológicos que apresentam autorrecriminações e sentimentos de culpa indicadores da existência de um vínculo ambivalente com o objeto perdido.

A persistência da ambivalência, portanto, estabelece uma distinção entre o luto normal e o patológico, mas não opera uma diferença significativa em relação à melancolia: tanto a escolha narcísica de objeto quanto a ambivalência são necessárias, mas não suficientes para caracterizar a afecção melancólica.

Voltemos então nossa atenção para o objeto: ao mesmo tempo em que se aloca no ego e o constitui – no processo identificatório resultante dos inúmeros lutos que o sujeito realiza durante sua vida, o luto pelos pais edípicos, por exemplo –, o objeto tem características especiais na melancolia. É referindo-se ao ego como objeto da experiência intersubjetiva que Freud introduz o conceito que me parece fundamental na compreensão da melancolia: o de identificação narcísica. Para ele, "... a identificação narcísica com o objeto torna-se um substituto do investimento amoroso e disto resulta que, apesar do conflito (conflito este da relação predominantemente ambivalente com o objeto), a relação amorosa com a pessoa não precisa ser abandonada" (Freud, 1915, p. 133).

Se no luto a realidade finalmente se impõe (o objeto está perdido e o ego retoma o investimento libidinal antes dedicado a ele para colocá-lo em novos objetos), na melancolia o que se perdeu é algo que diz respeito ao próprio eu. O luto não prossegue sua via normal porque o objeto não foi abandonado. Ele está incorporado – por identificação – ao ego. Portanto, a escolha de objeto narcísica, a ambivalência afetiva e a predominância da identificação narcísica com o objeto perdido são as três características que definem a melancolia, diferenciando-a claramente do luto, tanto normal quanto patológico.

Na melancolia, o ego é totalmente escurecido pelo objeto. Torna-se objeto. Uma outra parte do ego relaciona-se então com esse ego-objeto, repetindo intrapsiquicamente o vínculo antes estabelecido com o objeto perdido. Freud denomina essa parte alternadamente consciência moral, consciência crítica e ideal de ego, sendo esta a instância denominada superego, em seu trabalho "O ego e o id", de 1923.

Essa bipartição do ego, resultante da identificação com o objeto perdido, possibilita a Freud a enunciação de um novo tipo de conflito psíquico, entre o superego e o ego tomado como objeto de ataques e humilhações. Em um texto de 1923, chamado "Neurose e psicose", Freud considerará a melancolia paradigma das psiconeuroses narcísicas, baseado no fato de o conflito melancólico acontecer entre essas duas instâncias (ego e superego). Isso a diferencia das neuroses, nas quais o conflito se estabelece entre o ego e o id, e das psicoses, em que o mesmo verifica-se entre o ego e a realidade.

Se, a partir do modelo identificatório, considerarmos o ego e o superego como sub-rogados da realidade e representantes no psiquismo do mundo exterior, o que articularia uma diferença entre ambos seria o componente pulsional, que torna o superego violento e sádico. Freud afirma em "O ego e o id" (1923):

> A angústia de morte da melancolia só admite uma explicação: que o próprio ego se abandona porque se sente odiado e perseguido pelo superego no lugar de sentir-se amado. Com efeito, viver tem, para o ego, o mesmo significado que ser amado pelo superego que, também nisto, apresenta-se como representante do id (p. 58).

O ego posiciona-se como objeto do ódio pulsional do superego na identificação narcísica própria da melancolia. Assim, o ego e o superego, tomados como resultantes de identificações, conceituam ainda mais rigorosamente a intersubjetividade na teoria psicanalítica. Mesmo na miragem do narcisismo, o outro faz-se presente como objeto de amor e de ódio, propiciador de vida e de morte.

Se coincidirmos em pensar – tal como Freud (1915) – que apesar do despudor de sua denúncia, o melancólico "está fazendo uma descrição correta da sua situação psicológica" (p. 135), é porque sabemos que a realidade psíquica foi se constituindo a partir dessas escolhas de objeto, em que o outro é objeto de amor porque satisfaz as exigências pulsionais e responde adequadamente às demandas de amor a ele formuladas. Será objeto de ódio, quando ele se apresentar como estranho, diferente e ausente. O melancólico "dá queixa" contra esse objeto que o abandonou, defrontando-o com o desamor, o nada, o vazio da existência. "Dá queixa" contra esse objeto que não foi suporte para a sexualidade infantil e que – na identificação com ele – ameaça torná-lo incompletude, vazio, falta e dissolução. Afirmamos anteriormente que a identificação narcísica joga um papel relevante na constituição da afecção melancólica. Reforçamos, agora, a importância da identificação, ao situarmos o conflito melancólico do ponto de vista tópico entre duas instâncias – ego e superego – que são representantes da intersubjetividade no psiquismo. Podemos dizer que, na melancolia, o superego atrai para si toda a consciência e ataca o ego/objeto impiedosamente. Este não oferece resistência, reconhece-se culpado e, nesse amálgama, condena-se algumas vezes à morte. Essa fragilidade e dependência que caracterizam o empobrecimento do ego do melancólico opõem resistência ao trabalho clínico, colocando-nos, como analistas, à escuta de um silêncio mortífero encoberto por queixumes repetitivos.

O sentimento de culpabilidade presente na fraqueza egoica do paciente melancólico, que ecoa indefinidamente na sua autorrecriminação adquire, a partir da identificação, uma nova leitura que é esboçada por Freud em "O ego e o id" e aprofundada em seu texto de 1924 "O problema econômico do masoquismo". Nesse último, ele retoma o estudo da reação terapêutica negativa, isto é, a resistência à cura analítica por parte dos pacientes, que atribuíra até então ao sentimento de culpabilidade decorrente da agressão desferida contra o objeto. Freud (1924) afirma:

> Os pacientes não acreditam facilmente em nós quando lhes falamos sobre o sentimento inconsciente de culpa. [...] Até certo ponto, penso eu, podemos enfrentar sua objeção se abandonarmos o termo "sentimento inconsciente de culpa" que, de qualquer modo, é psicologicamente incorreto, e falarmos, em vez disso, de uma "necessidade de punição" que abrange o estado de coisas observado de modo igualmente apropriado (p. 207-208).

Interessa-me enfatizar a importância do sentimento de culpa como expressão do conflito entre ego e superego, considerados do ponto de vista de sua constituição identificatória, pelas consequências clínicas dessa leitura. Esse sentimento de culpa, a certeza de que nada mudará, a pregnância e a atemporalidade do sofrimento do paciente melancólico, constituem um obstáculo à cura, repetindo, na transferência, a passagem mal-sucedida do narcisismo à descoberta do outro. Passagem esta que podemos situar, em termos metapsicológicos, como luto pelo ego ideal, ou seja, abandono da completude idealizada da fase narcísica da libido.

Sem dúvida, essa constituição originária, libidinizante, esteve comprometida no caso do paciente melancólico. Como foi dito anteriormente, a constituição do ego ideal sofreu o percalço da perda, da ausência e do vazio. Se ninguém responde ao grito infantil, ou se responde sadicamente, ele ecoa indefinidamente como grito de dor e vazio de existência. O ego é nada, é grito, é corpo deserotizado.

A pouca diferenciação do ego deste ego ideal constituído tão precariamente e sua tensa vinculação de submissão ao superego configuram uma verdadeira prisão psíquica, lugar mais do que adequado para a ruminação da culpa.

Nesse jogo identificatório de espelhos podemos descobrir – algumas vezes – os únicos traços que restam da relação de objeto perdida. Eles permitem, segundo Freud, uma possibilidade particular de atuação do processo analítico. Podemos pensar, por exemplo, que independentemente dos ataques reais ou fantasiados dirigidos ao objeto – ou até mesmo prescindindo deles – a culpabilidade que pode levar o paciente melancólico à autodestruição tem origem na identificação/fusão com um traço do objeto perdido. Hugo Bleichmar (1983), no livro *Depressão: um estudo psicanalítico*, trabalha essa ideia e sugere algumas possibilidades para a gênese identificatória do sentimento de culpabilidade.

Afirma o autor:

> Vemos, então, que alguém pode sentir-se culpado não pelo que fez ou fantasiou, senão por duas condições: a) identificação com a imagem que outro lhe dá de si mesmo, na qual aparece como culpado; b) identificação com outro que se sente culpado (p. 65).

Lembrando-nos da predominância de identificações narcísicas na melancolia, podemos ir mais longe e pensar que o melancólico exibe sua dor como uma identidade resumida e reduzida ao negativo do seu ego ideal: verdadeiro buraco por onde escapa sua possibilidade de valorização e subjetivação. Vincent Van Gogh, pintor de trágico destino sobre o qual teceram-se os mais variados diagnósticos *post-mortem* (esquizofrênico, epiléptico, gênio, louco), autodefinia-se como melancólico. Ele manteve correspondência – por vezes diária – com seu irmão Théo durante mais de vinte anos. É de uma carta datada de julho de 1880 (pré-psicanalítica, portanto) que separei esta frase que, do meu ponto de vista, resume as diferentes alternativas desse longo processo de subjetivação permeado de luto e, às vezes, de melancolia. Van Gogh (1880) escreve:

> O que para os pássaros é a muda, a época em que trocam de plumagem, a adversidade ou o infortúnio, os tempos

difíceis, são para nós, seres humanos. Podemos permanecer neste tempo de muda, podemos também deixá-lo como que renovados, mas de qualquer forma isto não se faz em público, é pouco divertido e por isto convém eclipsar-se. Pois seja (p. 17).

REFERÊNCIAS BIBLIOGRÁFICAS

BLEICHMAR, H. *Depressão*: um estudo psicanalítico. Porto Alegre: Artes Médicas, 1983.

CANCINA, P. H. *El dolor de existir... y la melancolía*. Buenos Aires: Homo Sapiens, 1991.

FREUD, S. & ABRAHAM, K. (1907-25). *Correspondencia*. Barcelona: Gedisa, 1979.

FREUD, S. (1915). Luto e melancolia (com tradução e notas de Marilene Carone). *Novos Estudos – Cebrap*, n. 32, 1992.

______. (1921). Psicologia das massas e análise do ego. *Edição Standard Brasileira das Obras Psicológicas Completas*. Rio de Janeiro: Imago, 1974, v. XVIII.

______. (1923). El yo y ello. *Obras Completas*. Buenos Aires: Amorrortu, 1989, v. XIX.

______. (1924). O problema econômico do masoquismo. *Edição Standard Brasileira das Obras Psicológicas Completas*. Rio de Janeiro: Imago, 1974, v. XIX.

KRISTEVA, J. *Sol negro*: depressão e melancolia. Rio de Janeiro: Rocco, 1989.

______. Entrevista à Revista Abierta de Psicoanálisis y Pensamiento Contemporáneo. *Zona Erogéna*. Buenos Aires, n. 20, 1994.

VAN GOGH, V. (1880) *Cartas a Théo*. São Paulo, L&PM, 1986.

4.

Dor psíquica e adolescência[1]

Considero que a psicanálise tem se voltado ultimamente para o estudo da dor psíquica, a partir dos aprofundamentos do conceito de narcisismo e, também, pela escuta clínica de nossos pacientes "pós-modernos". Neste texto, tento expor algumas ideias, constatações e dúvidas sobre o narcisismo na adolescência e a incidência da dor psíquica no trabalho clínico com esses pacientes. Referir-me-ei especificamente à aparição de episódios de dor – ora paralisantes, ora geradores de atuações auto e heterodestrutivas – que não se inserem necessariamente em quadros melancólicos ou depressivos. Para tanto, farei um pequeno percurso pelos conceitos de dor e de narcisismo e relatarei um fragmento de uma primeira entrevista com um paciente adolescente, neurótico, centrando minha leitura no tema da dor, no que nela há de traumático.

---

1 Publicado originalmente no livro *A clínica conta histórias*, organizado por Lucía Barbero Fuks & Flávio Carvalho Ferraz. São Paulo: Escuta, 2000, p. 69-78.

Freud (1895) elabora o conceito de dor como reação a um estímulo traumático que quebra as barreiras antiestímulo, inundando o sujeito de um afeto irrepresentável. É interessante frisar que, nesta formulação, existe uma oposição entre a dor e a série desprazer/prazer, já que a dor não pode ser definida como um extremo do desprazer graças ao fato de serem somente as representações ligadas ao aparelho psíquico as que circulam entre os polos de prazer e desprazer. Assim, o trauma provoca dor no aparelho porque não é possível ligá-lo a outras representações. Sem dúvida, nessa análise da dor, está implícito um critério econômico caro a Freud: o traumático é o demasiado intenso ou inassimilável.

O estímulo que resultará em trauma pode advir do exterior ou do interior; quando ele irrompe no aparelho, tornando ineficaz qualquer defesa muscular e transformando-se numa excitação constante, cria as mesmas condições econômicas da investidura como dor concentrada no corpo lesado. Corpo e aparelho psíquico sendo quase indiferenciáveis, assim como as duplas eu/não eu e interior/exterior. Não surpreende, portanto, que a diferença entre dor física e dor psíquica não seja relevante nesse momento da teorização freudiana. Afinal, a quem pertence esse corpo pulsional no qual o sujeito está apenas emergindo?

Sem que exista nenhum impedimento de condução da dor, isto é, representações que poderiam ligá-la ou derivá-la do aparelho psíquico, ela deixa, como sequela, facilitações duradouras, como que "atravessadas por um raio" (Freud, 1895, p. 352).

O ponto de vista econômico é retomado em *Para além do princípio do prazer*, onde, referindo-se ao efeito traumático dos estímulos que por sua intensidade atravessam a barreira antiestímulo e inundam o aparelho psíquico provocando dor, Freud (1920) estabelece que, quanto menos investido por energia ligada esteja o aparelho, mais devastadoras serão as consequências de uma perfuração da barreira antiestímulo. Qual é o tipo de reação que se pode esperar perante a intrusão traumática do estímulo no aparelho psíquico? Freud responde que, de todas as outras partes do psiquismo, são mobilizados investimentos libidinais com o objetivo de criar ao redor do ponto de ruptura um contrainvestimento que estanque essa hemorragia psíquica. Esse esforço empobrece de tal modo todos os outros sistemas psíquicos que o resultado é "uma extensa paralisia ou rebaixamento de quaisquer outras operações psíquicas" (p. 30).

A dor psíquica reaparece como tema específico da obra freudiana em *Inibição, sintoma e angústia* (Freud, 1925). É uma menção breve, porém rica em significações, que remete o leitor novamente à teoria do trauma, mas acrescenta ao saber psicanalítico considerações importantíssimas que permitem estabelecer diferenças entre os conceitos de dor, angústia e luto.

Ele afirma que, com a constituição do objeto-mãe (a partir de inúmeras experiências de satisfação) e perante uma necessidade atual, o lactente experimenta dor pela ausência do objeto. Eis o texto:

> A dor é, portanto, a genuína reação perante a ausência (perda) do objeto; a angústia se faz presente perante o perigo que esta perda acarreta, e, num deslocamento posterior, o perigo da própria perda do objeto (Freud, 1925, p. 159).

Para pensarmos na dor psíquica e, fundamentalmente, na diferença aqui esboçada por Freud em relação à angústia, convém que nos detenhamos nesta expressão: "genuína reação perante a ausência (perda) do objeto". Pode-se pensar, num primeiro momento, que existiria uma reação não genuína ou menos verdadeira à perda do objeto. Acredito, porém, que esse mal-entendido se dissipa quando Freud estabelece uma sutil e importantíssima diferença no estatuto do objeto: a dor aparece como correlato à ausência do objeto perante uma necessidade atual, que a mãe deve satisfazer, não levando em conta, ainda, a perda do amor do objeto, que se converte numa nova situação de angústia, também pelo perigo futuro de perdê-lo.

Freud se refere ao caráter intenso do estímulo doloroso – impossível de se conter – e afirma que a impossibilidade de inibi-lo gera um estado de desamparo psíquico semelhante ao provocado pela dor física. Tomando como exemplo o investimento narcísico elevado do órgão dolorido, que exerce sobre o eu um efeito de esvaziamento, pode-se concluir que a passagem da dor corporal à dor anímica corresponde à mudança de investimento narcísico em investimento de objeto. Não é um órgão do corpo que experimenta dor: é a dor pela ausência do outro, de quem esse corpo depende, que se configura, nas entrelinhas do texto, como dor psíquica.

Existe, tanto na dor física quanto na psíquica, uma identidade econômica: a intensidade do estímulo. Existe também uma diferença que diz respeito à representabilidade da dor física e à dificuldade de passagem para uma representação da dor psíquica.

A especificidade da dor deve-se, portanto, não somente ao fato de ela ser intensa, mas também ao fato de que se refere a uma impossibilidade de simbolização do objeto ausente. Isso dificulta, por sua vez, o luto pelo objeto-mãe, luto necessário para separar-se dele e simbolizá-lo quando for interditado na conflitiva edípica. Sem essa possibilidade simbólica, a separação fica adiada, aberta.

Do ponto de vista teórico, entre a primeira teoria da dor, traumática, econômica, e as definições em relação ao objeto de 1925, que acrescentam essa dimensão psíquica da dor, detenho-me no desenvolvimento do conceito de narcisismo.

Minha escolha pelo narcisismo decorre do fato de estarmos trabalhando com uma fase inicial da constituição do aparelho psíquico, já que Freud se refere, nos trabalhos mencionados, às primeiras representações de objeto e, o que é também interessante, nomeia este objeto: é da mãe que se trata nessa ausência, entendendo tal objeto como aquele encarregado de dar satisfação às necessidades do lactente.

A díade mãe-filho, descrita no narcisismo como aquela que instala as primeiras vivências de satisfação, é chamada a ocupar um lugar de relevância, também, no aparecimento da dor psíquica. Esta díade, responsável pela erogenização inicial que vai constituindo um corpo capaz de amar e ser amado – um corpo de prazer-desprazer – deixa buracos através dos quais jorra dor...

Considero no mínimo instigante que Freud (1914) utilize a doença orgânica, a hipocondria e a vida amorosa do ser humano para introduzir o conceito de narcisismo. Nos dois primeiros exemplos – dor orgânica e hipocondria – ele ressalta novamente a introversão libidinal que a dor provoca e afirma que quem sofre de dor retira de seus objetos de amor o interesse libidinal e deixa de amá-los. Ao abordar a vida amorosa do ser humano, desloca o foco da análise para o objeto, definindo que o narcisismo da criança nada mais é do que o renascimento do narcisismo dos pais, que garantem, assim, por meio do seu amor parental, a imortalidade de seu próprio eu.

Que efeitos podem ser esperados da ausência desse investimento libidinal materno? Ou, ao contrário, de um investimento excessivo, não interditado, impossível de ser simbolizado e absorvido pelas sucessivas ressignificações que o complexo de Édipo propõe ao sujeito?

A psicose e a melancolia são exemplos extremos de patologias narcísicas; porém, constato na minha clínica a aparição de episódios de dor psíquica intensos, paralisantes, às vezes acompanhados de dor física, em adolescentes neuróticos. Há muito tempo o saber popular relaciona o crescimento com a dor física adolescente e hoje sabemos que os desajustes de musculatura e esqueleto são responsáveis, de fato, por intensa dor.

Poder-se-ia pensar que existem, no momento da reedição edípica adolescente, novos "desajustes" entre o narcisismo dos pais e o do próprio adolescente que, acrescidos da demanda de inserção social e cultural, são capazes de evocar a dor do trauma, do excesso, do não simbolizado? A pergunta surge quando podemos perceber que não estamos perante a tristeza e a dor dos lutos adolescentes, mas sim diante de um abismo, um vazio difícil de nomear que evoca o corpo, o velho-novo corpo, de alguma forma.

Essa aparente ambiguidade entre dor física e dor psíquica, entre angústia e dor, entre objeto ausente e objeto perdido, entre pulsão e necessidade, é explicada por Pontalis (1977) como atributo do próprio conceito:

> De fato, o que parece vacilação ou peremptoriedade excessiva de Freud não deve ser considerado um defeito. A dor aparece como algo que ocupa uma posição intermediária: entre a angústia e o sofrimento do luto, mas também entre o investimento narcísico e o investimento objetal. Diferentemente do que acontece com a experiência de satisfação, [...] na dor não há metáfora ou criação de sentido, mas sim analogia, transferência direta de um registro ao outro: são as mesmas palavras as que se utilizam e os mesmos mecanismos os que se atualizam. Como se, com

> a dor, o corpo se transformasse em psique e a psique em corpo (p. 258-259)[2].

Talvez um exemplo clínico ajude a compreender melhor esses momentos doloridos: "Quando minha mãe grita comigo, preciso me olhar para ver se estou sangrando". Quem formula a frase é um adolescente de dezenove anos. Sentado na minha frente, a angústia toma-lhe o corpo todo. Percebo que está absurdamente agasalhado: mangas compridas de algodão do blusão grosso esportivo, gola alta que aparece embaixo deste. São três horas da tarde de um desses dias de julho, em São Paulo, em que, contrariando toda a lógica, a temperatura chega perto dos trinta graus.

Ele sua de calor e medo ao contar sua história: é estrangeiro, mora há mais de dez anos no Brasil, porém reside há pouco tempo em São Paulo. Anteriormente morava noutra cidade na qual acabara de ingressar na universidade após um duro vestibular. Residia ali com a mãe, o segundo marido dela e dois irmãos mais novos, filhos da nova união da mãe. Por razões profissionais, a família tinha se mudado para São Paulo no início desse ano. Resolveu-se, então, que ele continuaria morando no mesmo lugar, para poder cursar a universidade.

Ao ficar sozinho, seus sintomas aparecem: não consegue sair de casa, está deprimido, não comparece às aulas e, quando o faz, elas não lhe interessam. Considera-se uma pessoa

---

2 Tradução da autora.

muito tímida, duvida atualmente de sua escolha profissional; tem um péssimo relacionamento com a família (briga muito com os irmãos pequenos e com a mãe).

A família resolve que ele interrompa os estudos e venha morar junto com eles e, por isso, está em São Paulo. A cidade o amedronta. Às vezes pensa que seria melhor morrer, tamanha é a dor que seu "fracasso" lhe provoca.

Resumo brevemente este primeiro contato com Peter (nome fictício), pois o que me interessa aqui é trabalhar algumas questões referidas ao tema da dor que já estão contidas nesse breve resumo da sua fala.

Chama a atenção, por exemplo, sua referência ao corpo que pode ser perfurado, rasgado e machucado pelos gritos da mãe. Enlaço essa fala com meu particular interesse – e aflição – com as roupas dele. Penso que elas funcionam como uma "pele" ou "casca protetora" que separam seu corpo da mãe, mas que quase o asfixiam.

Também registro a ausência de referências ao pai, nesse primeiro contato. O único homem que aparece na sua fala é nomeado como "marido da mãe", sem nome próprio. Os irmaõzinhos ocupam o lugar de fruto dessa união da mãe; um fruto incômodo para ele.

Sua última frase fica ecoando dentro de mim, por algum tempo: ele fala de dor perante seu "fracasso" e isso me leva a questionar onde é que fracassa quando ele não pode levar adiante um projeto pessoal pelo qual parece ter lutado bastante (de fato ingressa numa carreira conceituada como difícil). Ele relaciona esse fracasso com uma dificuldade de ficar só, separado da família. Família que, por outro lado, o faz sangrar...

Escolho esse exemplo clínico para podermos visualizar um pouco melhor o aparecimento da dor adolescente – se me permitem essa adjetivação – e para que possamos pensar esta etapa da vida do sujeito psíquico que, a meu ver, oferece facilitações para a emergência do traumático.

A adolescência – mencionada como *puberdade* nos trabalhos de Freud, numa tentativa de fazê-la coincidir com as alterações biológicas correspondentes – constitui-se como um fenômeno a ser estudado e esmiuçado no final do século XIX. É uma passagem da infância à vida adulta que, com a proximidade do século XXI, ameaça se estender cronologicamente até limites antes inimagináveis. A escolha profissional, mesmo quando definida sem maiores dificuldades, não é concretizada com o efetivo ingresso no mercado de trabalho, dificultando a identificação com um papel social.

A psicanálise tem se ocupado do impacto da puberdade e da adolescência na estruturação do sujeito, considerando que este segundo tempo da sexualidade infantil ressignifica e precipita a entrada do ser humano na sexualidade, na cultura, no exercício de seu desejo e na possibilidade de produzir para si e para outrem um projeto de vida.

O pequeno incestuoso e assassino da primeira infância possui agora um corpo outro que, ao menos potencialmente, será capaz de atos, e não funcionará mais como suporte exclusivo da fantasia masturbatória.

Muito tem-se escrito sobre a reedição do complexo de Édipo da puberdade e da adolescência e dos percalços da escolha de objeto que culminam nesta etapa. Essa reedição edipiana supõe inúmeros lutos aos quais não me referirei, por considerar que fazem parte da ressignificação e do reencontro com o objeto, sendo, portanto, um processo normal de estruturação do sujeito.

Apesar de doloroso (e quanto!) posso dizer que o luto normal não faz sangrar imaginariamente o corpo...

A sutil diferença entre falta e abandono marca uma série de nuances do processo de simbolização. À falta do objeto corresponde a possibilidade de representação e simbolização deste, ou seja, o luto. Ao abandono, responde-se com recusa e dor psíquica. Impossível de ser simbolizado, o objeto alucina sua presença nas psicoses que, muitas vezes, fazem sua aparição na adolescência. Impossível de ser simbolizado, ele se torna presente no objeto droga. Impossível de ser simbolizado, pode-se substituir sua imagem pela virtualidade nas recentes dependências eletrônicas. (É frequente sabermos de adolescentes que passam horas em conversas virtuais, com outros virtuais, fazendo sexo virtual, brincando de morte virtual.)

"Deletam" o corpo – para usar um neologismo caro aos adolescentes – nesses contatos virtuais. Preservam um discurso onipotente no qual podem assumir diferentes identidades sexuais, nomes, idades etc. Ou, então, presentificam o corpo sem sujeito nos contatos reais: *fica* um corpo com outro, quase sem identidade, resguardado no verbo (ficar). Independente dos modos em que opera, o que está em jogo na adolescência é a passagem de um corpo próprio a outro que se torna, novamente, objeto de julgamentos estéticos, necessidades, desconhecimento etc.

Esse corpo se apresenta ao adolescente mais pelo que tem de parcial do que por uma suposta genitalidade que ele demora em adquirir: olhar os seios crescendo, menstruar, para a menina; escutar a voz que engrossa e falha, ejacular, para os meninos, são várias experiências de estranhamento que parecem sucumbir a uma espécie de amnésia na vida adulta.

A referência pulsional do olhar e da voz nos aproxima do narcisismo, do encontro fusional com o outro, que é tomado como espelho identificatório, antes mesmo de poder ser escolhido como objeto de amor e desejo. O retorno brutal do que foi mal recalcado e aparentemente esquecido na latência perturba nosso jovem adolescente e o coloca em contato com a experiência do limite da onipotência infantil.

Penso ser este o espaço e o tempo propícios para o reaparecimento da dor narcísica, que ilumina como um clarão algumas percepções de nossos pacientes ao mesmo tempo em que, por ser demasiadamente intensa, os cega.

Retomarei agora a história de Peter: o momento de dor referido por ele como um instante em que sua subjetividade vacila – já que ele "precisa se olhar para saber" – foi trabalhado na análise relacionando-o com a outra proposição de sua frase: "quando minha mãe grita comigo".

De que grito se trata? De que saber?

Já na primeira entrevista, ele deixa claro que briga muito em casa. "Grita comigo" pôde ser entendido, no decorrer da análise, como: grita junto comigo, grita no meu grito. Apareceu assim uma possibilidade de entrar em contato com uma mãe mais frágil, menos assustadora e submetida – como ele – ao desenraizamento e à falta de referências simbólicas paternas. Mesmo assim, uma característica materna continuava a ser apontada por ele como fonte de dor insuportável: a imprevisibilidade. Nunca podia saber se ela aprovaria ou não suas atitudes, se ela ficaria nesta cidade ou na anterior, se ela pagaria ou não a análise etc.

Foi trabalhando essa sujeição ao outro que surgiu uma associação curiosa: ele continuava usando roupas inadequadas às condições do clima, queixando-se, frequentemente, ora de frio, ora de calor. Numa dessas sessões disse que não aguentava mais a imprevisibilidade do clima paulistano: "No meu país", falou-me esse dia, "quando é inverno faz frio; no verão faz calor; no outono as folhas caem e na primavera tem flores...". Referências rígidas e inúteis, como as referências maternas, perante sua nova realidade adolescente. Ele pôde, então, falar de seu "fracasso".

Sempre atento aos ideais maternos, tinha se esforçado para ingressar numa faculdade valorizada pela mãe, apesar de não estar muito seguro quanto a seu próprio desejo de estudar precisamente aquele curso. A fusão imaginária com a mãe, que ele considerava indestrutível, é desmontada de uma vez só, com a mudança de cidade que, por acaso, coincide cronologicamente com este momento. Fracasso na constituição do seu ideal de eu que provoca a aparição dos sintomas que o levam a procurar análise. Foi interessante constatar que este caminho associativo abriu possibilidades sublimatórias que se manifestaram na escolha de uma nova carreira universitária... que estuda a previsão de fenômenos climáticos!

A análise de Peter foi interrompida por uma nova mudança da família para outra cidade e, desta vez, ele não acompanhou, mas lhe serviu de pretexto para deixar o tratamento.

Avalio que tive dificuldades para trabalhar aspectos da transferência, ainda relativos à dor que nos ocupa, que fizeram com que algumas das minhas intervenções lembrassem o grito materno. Foi-lhe imperioso, ao separar-se geograficamente da mãe, deixar a análise que até então fora sustentada financeiramente por ela.

Para terminar, retomo a ideia da dificuldade de trabalho de reconstrução desses fenômenos de aparição de *flashes* de dor em pacientes neuróticos, especialmente porque eles se fazem presentes de maneira muda na maioria das vezes.

No caso dos adolescentes, ela geralmente aparece contida na escrita secreta e guardada, na compulsão ao consumo de drogas, na obturação dos orifícios do corpo por música estridente, excesso ou falta de comida, uso compulsivo da imagem de televisão, computador etc. São momentos em que ficam surdos, cegos ou mudos por não mais aguentarem a hiperestimulação dolorosa que não se aquieta com a masturbação.

Fazer história, no caso da dor, nos defronta com aquilo que não foi perdido e sempre esteve ausente como significação. A terapia psicanalítica propicia ao adolescente um espaço possível para "abaixar o volume" e poder se escutar – pela primeira vez – falando de sua dor com voz grossa, estabelecendo um vínculo ético que propicia possibilidades de subjetivação e criatividade.

REFERÊNCIAS BIBLIOGRÁFICAS

FREUD, S. (1895). Proyecto de psicología. *Obras Completas*. Buenos Aires: Amorrortu, 1976, v. I.

______. (1914). Introducción al narcisismo. *Op. cit.*, v. XIV.

______. (1920). Mas allá del principio del placer. *Op. cit.*, v. XVIII.

______. (1925). Inhibición, síntoma y angustia. *Op. cit.*, v. XX.

PONTALIS, J.-B. *Entre el sueño y el dolor*. Buenos Aires: Sudamericana, 1977.

5.

A CONSTRUÇÃO DO DISPOSITIVO ANALÍTICO[1]

Diferentes aspectos das mudanças na subjetividade contemporânea são explicados a partir de marcos teóricos externos à psicanálise, ou lançando-se mão de conceitos da própria psicanálise que foram adquirindo relevo e importância, apoiados na experiência de mais de cem anos de clínica psicanalítica. Os conceitos de *trauma* e de *narcisismo*, por exemplo, são alicerces fundamentais para entendermos os novos estudos sobre a dor. A pulsão de morte e seus efeitos destrutivos sobre as instâncias ideais permeiam patologias que se situam, prioritariamente, além do princípio de prazer. Refiro-me, de maneira fundamental, a pacientes com sérias falhas de simbolização e que parecem não se adequar à regra fundamental de toda análise, devido à dificuldade que apresentam para associar livremente. De fato, pareceria

[1] Publicado originalmente na revista *Percurso* (ano XV, n. 29, 2º semestre de 2002, p. 27-32) e reproduzido no livro *Desafios para a psicanálise contemporânea*, organizado por Lucía Barbero Fuks & Flávio Carvalho Ferraz. São Paulo: Escuta, 2003, p. 91-101.

que, nesses pacientes, a dor ocupa o lugar da angústia e o vazio aparece onde esperamos uma representação. Novas categorias diagnósticas, especialmente no campo teórico da psiquiatria, tentam dar conta desses fenômenos, e somos inundados por siglas que se referem a transtornos obsessivo-compulsivos, pânico, drogadependência, compulsão sexual etc. É interessante frisar que esses nomes descrevem o visível, aquilo que os pacientes fazem (como usar drogas ou fazer sexo "demais") ou o que deixam de fazer (como no caso do pânico e da depressão). Porém, nenhuma causa psíquica é nomeada, como se a última causa, química, aparentemente longínqua e independente da alma, fosse impossível de representar. Em termos imaginários, o velho útero que explicava a histeria ou os humores corporais dos gregos parecem-nos aproximações mais subjetivas da causa do sofrimento do que as alterações propostas pela neurobiologia, porém ambas compartilham a alienação fundamental do paciente em relação à própria cura.

Julia Kristeva (1995) define essas patologias da seguinte forma: "As novas doenças da alma são dificuldades ou incapacidades de representação psíquica que chegam a destruir o espaço psíquico". Depois, ela se indaga e nos indaga: "Renovar a gramática e a retórica, fazer mais complexo o estilo daquele ou daquela que solicita falar conosco, porque já não aguenta mais não falar e não ser escutado, não é o renascimento, a nova psique que a psicanálise propõe-se a descobrir?" (p. 17).

Diferentes aspectos da clínica que dizem respeito às patologias contemporâneas nos interrogam sobre as condições de intervenção analítica possível nos dias de hoje. Sem dúvida, os pacientes que nos procuram atualmente apresentam queixas diferentes daquelas que a casuística freudiana utilizou para descobrir o inconsciente, a repetição, a pulsão e os outros conceitos fundamentais da psicanálise. As questões relativas a solidão, adicção, pânico, já mencionadas anteriormente, aparecem formalmente vinculadas a fenômenos sociais que certamente não estavam presentes no início do século passado. Seria esta constatação suficiente para pensarmos dever abordar essas questões com um instrumental diferente do usado por Freud? Ao falarmos de instrumental, referimo-nos aos conceitos teóricos fundamentais da psicanálise ou a aspectos da intervenção clínica do analista? Se essa intervenção muda, ela o faz de acordo com novos referenciais teóricos ou com mudanças que refletem as condições de possibilidade do dispositivo analítico na atualidade?

Análises por tempo prolongado – décadas às vezes –, com menor frequência semanal, reanálises de diversos pacientes em épocas diferentes da vida, trabalho analítico com crianças, adolescentes, em instituições públicas ou privadas, com tempo limitado etc. povoam a realidade da prática clínica dos últimos trinta anos, pelo menos.

Existe certa dificuldade para tratarmos publicamente desta clínica, como se ela constituísse uma transgressão a certos princípios sagrados ou a uma psicanálise ideal (e a comparação com o ego ideal não demora a aparecer, apesar de sabermos que esse paraíso não existiu e que ele nada mais é do que a necessária ilusão de completude que rege nossas carências). Se postulamos a não existência de uma análise ideal, podemos pensar na existência de um ideal de análise? Podemos resgatar, do pensamento freudiano e de seus seguidores contemporâneos, emblemas, valores e critérios que identifiquem a prática psicanalítica atual?

Gostaria de explicitar os critérios que julgo imprescindíveis para definir um processo analítico. Tento pensar se esses critérios se fazem presentes em tratamentos realizados com pacientes que apresentam dificuldades na simbolização de seus conflitos inconscientes.

Existe, por outro lado, uma experiência consistente de trabalhos clínicos realizados em condições e circunstâncias diferentes das ideais, tornando indispensável, também, discutir essas práticas no marco de uma instituição de formação de analistas. Para tanto, utilizarei o referencial teórico freudiano e de outros autores contemporâneos que têm me ajudado nesta indagação sobre a ética da prática clínica atual.

As coordenadas que definem uma intervenção analítica não se prendem necessariamente ao seu dispositivo. Este constitui uma formação artificial, elaborada e que reedita algo fundamental das relações intersubjetivas para poder ter eficácia clínica. O dispositivo analítico estabelece um limite, uma fronteira que, como tal, inclui algo, ao mesmo tempo em que exclui outras coisas. Instaura, por assim dizer, um campo, para que, aos poucos, algo venha a ser construído ali. Essa instauração não é um ato inicial e único. Este espaço deve ser habitado e reconquistado no decorrer do processo analítico. Talvez resida aí a dificuldade para incorporarmos novas práticas ao arsenal do tratamento psicanalítico, levando alguns autores a excluir abordagens que não se adaptam às regras estabelecidas por Freud, correndo-se o risco, desta forma, de a psicanálise ser considerada um conjunto de regras muitas vezes esvaziadas de efeitos analíticos.

Freud chamava de "tratamento de ensaio" um período inicial de toda análise que tinha por objetivo determinar algum tipo de precisão diagnóstica e permitir a instalação da transferência. As preocupações diagnósticas da época apontavam a necessidade de determinar se o paciente não apresentava distúrbios de ordem psicótica ou rebaixamento intelectual, ambos fatores que poderiam inviabilizar a análise. Ele recomenda, aos praticantes da nova ciência, que se abstenham de interpretar durante esse período e que procurem intervir no sentido de contribuir para que o paciente continue falando sobre o que desejar. O tempo dedicado a este período de ensaio era de uma ou duas semanas (ou seja, de 10 a 12 sessões), regido pelas mesmas regras fundamentais da análise: a associação livre e a atenção flutuante.

É interessante lembrar que o estatuto da interpretação, neste momento da teorização freudiana (até 1920), refere-se à interpretação hermenêutica – interpretação que faz consciente o inconsciente. Tempos de um inconsciente prenhe de sentidos sexuais, tempos de neurose, tempos em que o analista parece saber e deve "se abster" de falar! Como se a solução estivesse quase pronta e o saber, conscientemente represado do lado do analista. O tratamento adquire as feições de uma luta contra o recalque do paciente para a qual seria necessária a aliança transferencial.

Apesar disso, a percepção da inutilidade de uma comunicação intelectual do problema e a necessidade de que o próprio paciente se aproxime do material recalcado já estão claramente esboçadas neste trabalho de 1913, delimitando, assim, que as condições de possibilidade de uma análise dependerão da patologia do paciente e, estreitamente vinculada a ela, da sua capacidade de transferir. Para Freud, fica evidente, também, que a introdução do tratamento provoca a mudança no paciente de sua atitude consciente em relação à doença. A queixa, a desvalorização dos sintomas, o desprezo pela doença, ainda segundo Freud, são indícios de que ele não escuta o texto das suas ideias adequadamente.

A atualidade destas afirmações é incontestável. Favorecer ao paciente que fale e escute seu próprio texto, aguardando a instauração da transferência para interpretar e perceber a inutilidade da comunicação intelectual como intervenção são funções do analista que abrem um leque de questões interessantes em relação ao tipo de transferência e sua possível reelaboração nos pacientes que não se enquadram no modelo do neurótico "clássico".

Considerando a transferência um fenômeno real e objetivo de atualização do conflito inconsciente, as patologias contemporâneas colocam um desafio ao dispositivo analítico. Elas nos interrogam sobre o objeto que se instala como repetição, sobre as características da repetição em si e, ao mesmo tempo, testam os limites de eficácia da palavra e da intervenção do analista.

Posteriormente às teorizações sobre a segunda tópica e contando com uma nova dualidade pulsional, Freud (1933) define a intervenção analítica como: "ali onde o isso era o eu deve advir" (p. 74). Sem abandonar a interpretação hermenêutica, esta se torna, aos poucos, menos "sabida" e mais dependente da escuta, e, simultaneamente, a construção aparece como ferramenta da psicanálise para dar conta dos vazios de simbolização, inaugurados pela pulsão de morte e pela compulsão à repetição.

Esse vazio de simbolização que aparece como pura percepção ou ação motora – ambas características da ausência ou déficit da fantasia inconsciente – dificulta a instalação de uma transferência operativa no início das análises com esses pacientes acima definidos, mas não pode ser considerado alheio ao fenômeno transferencial. Poder-se-ia dizer que as palavras se situam à margem da intensidade pulsional que se apresenta como transferência.

Intervir, nesse momento inicial, significa construir um dispositivo analítico, por tentativas, como ensaio. A construção do dispositivo analítico, ou seja, a possibilitação do estabelecimento de condições, regras, disposições para a "escuta adequada do próprio texto" já funciona como tratamento.

Prefiro chamar este período inicial de uma análise de "tratamento de ensaio" e não de entrevistas preliminares, já que penso que uma das mudanças efetivamente perceptíveis na psicanálise contemporânea é o prolongamento desse período inicial da análise de pacientes com dificuldades graves na simbolização, oriunda de conflitos narcísicos e manifestada como sintomas depressivos severos, adições ou somatizações variadas. No trabalho com pacientes adolescentes e crianças, o tratamento de ensaio é também prolongado e inclui encontros com os pais e/ou outras figuras significativas para o paciente em questão.

A existência de um marco que regula horários, honorários, sigilo, atenção flutuante do analista e associação livre do paciente, produz um efeito de rechaço e frustração das demandas de amor e reconhecimento do paciente, necessárias para a instalação da neurose de transferência. Considero que, quanto mais grave é a neurose ou, ainda, no caso das neuroses narcísicas ou no trabalho com adolescentes, a possibilidade de contarmos com um investimento egoico do paciente na própria cura, garantindo certa tolerância à dita frustração, vê-se enormemente prejudicada. Nesses casos, não se trata somente de "propiciar que o paciente continue falando", mas de poder construir condições para que a palavra seja possível.

Alguns autores contemporâneos chegam a quantificar este primeiro período de toda análise. Juan D. Nasio

(1999), por exemplo, comenta, em seu livro *Como trabalha um psicanalista?* que ninguém poderia afirmar que um paciente está em análise antes de um ano e meio ou dois de iniciado o trabalho analítico. Ele nomeia diferentes aspectos ou etapas da transferência e estabelece o seguinte critério de analisabilidade: "o poder de ser afetado, em ato, pela pulsão; isto é, é analisável todo indivíduo que pode sofrer com sua pulsão" (p. 61).

André Green (2001), por sua vez, refere-se a dois períodos do processo analítico: um que aponta um trabalho de ligação e religação – que se opõe, fundamentalmente, ao trabalho de dissolução da pulsão de morte –, antecedendo um outro, que é o da instalação de uma transferência de trabalho nos moldes da neurose de transferência. O autor chama esse primeiro período de "psicoterapia psicanalítica" e afirma que nele se verifica uma atitude ativa de investimento do processo analítico... por parte do analista! Estabelece uma diferença com a psicanálise propriamente dita que supõe, para este autor, a instalação da neurose de transferência e a manutenção de um dispositivo que contemple uma frequência de sessões semanais elevada.

Se considerarmos que lembrar e reproduzir, no âmbito psíquico, experiências do passado, reter no espaço psíquico aquilo que poderia ser descarregado como ação e tornar presente o conflito na transferência definem aspectos da neurose de transferência, o conflito que se faz presente na transferência de pacientes com graves falhas de simbolização é de outra ordem. Parte-se do suposto de que a transferência está em jogo, mas de forma maciça, impossibilitando um trabalho interpretativo clássico, já que a fragilidade narcísica do objeto transferencial opera de forma traumática. Isto se dá como se esses pacientes oscilassem numa problemática que questiona a identidade e a autonomia, sendo prioritária a elaboração da relação fusional ambivalente com o objeto primário. Os fenômenos da reação terapêutica negativa e da compulsão repetitiva mortífera são exemplos da dificuldade de abrir um espaço para o advir do eu. Nesse período, a interpretação é uma intrusão, e o silêncio do analista, por sua vez, revive de maneira dramática o vazio da simbolização.

Que alternativas oferece o dispositivo analítico para esse impasse? O que podemos entender como investimento ativo do analista?

Proponho relembrar o que Freud (1937) diz em "Construções em análise": "Para a arqueologia, a reconstrução é a meta e o fim do trabalho, enquanto, para a análise, a construção é somente uma tarefa preliminar" (p. 262). E ainda:

> O caminho que parte da construção do analista deveria culminar na lembrança do analisando, porém, muitas vezes, não chega tão longe. No entanto, se a análise foi executada de forma correta, alcançamos a convicção certa sobre a verdade da construção, que, do ponto de vista terapêutico, rende a mesma coisa que uma lembrança recuperada (p. 267).

Encontro um paralelo interessante entre a construção "preliminar" do analista, como investimento no processo, e o tratamento de ensaio do qual falava no início. Ambos parecem ser suposições de um saber alternativo, que não se vê por inteiro do lado do analista, nem permeia necessariamente a fala do paciente. É bom lembrar que me refiro a pacientes com falhas graves de simbolização, entendendo essa falha como uma dificuldade na metabolização psíquica de seu encontro com o corpo, com o mundo e/ou com o outro. Essa metabolização deficitária acarreta consequências que podem ser verificadas como dificuldades na representação dos objetos primordiais.

Proponho pensar neste momento de ensaio e início do tratamento segundo o modelo da construção do objeto. Sabemos que a ausência do objeto é uma categoria intermediária entre a presença e a perda. Para construir a categoria de ausência, é necessário reter o objeto como representação de coisa. A ausência possibilitará, então, a representação da perda e o advento do frágil eu. Nesse sentido, é possível afirmar que o eu se desenha sobre o espelho da imago materna, mas se torna consistente na sua ausência. Se a transferência é esse fenômeno duplo que afeta, na mesma operação, o objeto e a palavra, é interessante questionar esse objeto ao qual se demanda saber e também fraternidade. A inconsistência e a especularidade do objeto transferencial, que se faz presente, oscila entre a percepção do analista como possuidor de um saber absoluto, e não suposto, e a atuação que quer destruí-lo como um semelhante desvalorizado. Talvez o "contemporâneo" desse objeto resida no fato de ele também se espelhar na cultura dos nossos dias. Nesse sentido, o laço social pouco solidário da nossa contemporaneidade, a predominância da linguagem visual na comunicação, a simultaneidade e velocidade da informação, contrapõem-se, essencialmente, ao tempo da psicanálise e à vigência da palavra como recurso simbólico.

Freud (1913) afirmava que não se devia interpretar antes de se ter estabelecido um *rapport* em regra, uma transferência operativa com o paciente. A partir disso, o motor da cura seria o sofrimento do paciente e seu desejo de sarar.

Com a perspectiva que nos outorga mais de um século de psicanálise, é possível pensar que este "primeiro período da psicanálise", ou "tratamento de ensaio", "psicoterapia psicanalítica", ou "estabelecimento de uma transferência operativa", adquiriu um estatuto importante na práxis da nossa clínica quotidiana.

É como se, para deixar os pais da infância devidamente recalcados, o paciente contemporâneo procurasse outro objeto, que exceda a repetição. A repetição em transferência foi definida, por Freud (1914), como a criação de uma nova doença. Ela traz, para o dispositivo analítico, um aspecto histórico da doença, um fragmento do passado esquecido, e algo de novo, uma diferença que permite o fazer do analista. Com pacientes graves, a repetição parece atualizar exclusivamente o passado. A possibilidade de diferença é mínima e a temporalidade subjetiva insiste, congelada, em um presente contínuo.

A escuta do paciente deprimido, carregando um corpo que sofre do que ele não pode simbolizar, incomunicado com seu passado e hipercomunicado com o mundo, dependente de estímulos externos, quase que pura percepção e pouca consciência, demanda do analista mais presença e tempo.

Para que ambos – presença e tempo – operem analiticamente, é necessário que o dispositivo analítico esteja presente e internalizado pelo analista, e entendo, como tal, a participação ativa do analista no período de ensaio de todo processo analítico. Presença ética e tempo como "provas de paciência" do analista, já que o déficit dos processos psíquicos inconscientes determina que as alterações profundas se processem com lentidão.

Vejo nisso, talvez, uma pista para pensarmos na prolongação das análises, que à diferença daquelas conduzidas por Freud, acompanham os pacientes em vários casamentos, mudanças profissionais, maternidade, paternidade etc. Além do desejo de aprofundar a realidade psíquica, inegável em muitos pacientes, esta transferência de trabalho prolongada nos interroga em vários sentidos. É necessário evidenciar que não me refiro às análises que se prolongam por dificuldades resistenciais de pacientes ou analistas, mas sim a trabalhos analíticos fecundos, com pacientes graves que demandam do analista uma verdadeira construção prévia do dispositivo analítico que possibilite a emergência do objeto da transferência.

Um simples cálculo aritmético leva-nos a pensar que o aumento de tempo das análises decorre da diminuição do número de sessões semanais, o que não passa de um engano. Constatamos que as análises tornaram-se mais prolongadas e mais profundas e que isso independe do número de sessões semanais.

A frequência semanal proposta por Freud (1913) – de cinco a seis sessões semanais – é fundamentada, por ele, pela necessidade de estar acompanhando o vivenciar real do paciente, evitando uma perda de contato com o presente, o que "desviaria o analista por caminhos laterais". Porém, o estatuto metapsicológico desta afirmação é frágil. Se o que define um processo analítico é a instalação da transferência, a obediência à regra fundamental da associação livre, a atenção flutuante por parte do analista e o trabalho de interpretação e construção do material inconsciente trazido pelo paciente, a necessidade de acompanhar o vivenciar real e presente dos analisandos adquire importância relativa. Parece-me mais ético que a frequência se determine de acordo com o diagnóstico do paciente e com as possibilidades da dupla (paciente/analista), levando em conta outro conselho de Freud a respeito do início de um tratamento, quando sugere uma necessária proporcionalidade entre tempo, dinheiro, trabalho e resultados.

Em resposta a um amigo que lhe sugeria achar um "tratamento breve, cômodo e ambulatorial para as neuroses",

Freud costumava citar Esopo, que dizia ter de conhecer o passo do caminhante para saber a duração da caminhada.

Será uma combinação de passos menores e caminhadas mais longas o que determina a duração atual das análises? Passos menores, oriundos da dificuldade de simbolização das patologias contemporâneas? Caminhadas mais longas até os confins silenciosos da pulsão de morte? Repensar a nossa prática a cada momento e não nos furtar às demandas do sofrimento contemporâneo é tornar mais vivo o legado freudiano de utilizar a psicanálise como teoria e método de tratamento e pesquisa.

Retomando as questões iniciais, empenho-me a fundamentar que as mudanças no dispositivo analítico (tratamento de ensaio mais prolongado, intervenção do analista construindo condições de analisabilidade que se vêm dificultadas no trabalho com patologias narcísicas graves, mudanças na duração das análises e na frequência das sessões) não decorrem de alterações substanciais no referencial teórico da psicanálise. A recriação do dispositivo analítico visa possibilitar o trabalho em transferência com o sofrimento contemporâneo e revela o percurso clínico realizado por muitos analistas durante mais de cem anos, com o consequente alargamento das fronteiras de trabalho com o inconsciente.

A troca dessas experiências e a referência à ética que as norteia é o desafio da contemporaneidade.

REFERÊNCIAS BIBLIOGRÁFICAS

FREUD, S. (1913). Sobre la iniciación del tratamiento: Nuevos consejos sobre la técnica del psicoanálisis. *Obras Completas*. Buenos Aires: Amorrortu, 1988, v. XII.

______. (1914) Recordar, repetir y reelaborar: Nuevos consejos sobre la técnica del psicoanálisis II. *Op. cit.*, v. XII.

______. (1933) Nuevas conferencias de introducción al psicoanálisis (Conferencia XXXI: La descomposición de la personalidad psíquica). *Op. cit.*, v. XXII.

______. (1937) Construcciones en el análisis. *Op. cit.*, v. XXIII.

KRISTEVA, J. *Las nuevas enfermedades del alma*. Madrid: Cátedra, 1995.

NASIO, J.-D. *Como trabalha um psicanalista?*. Rio de Janeiro: Jorge Zahar, 1999.

GREEN, A. El encuadre: su interiorización por el analista. *Zona Erógena*, n. 48, p. 21-23, 2001.

6.

Reconhecimento, autorização e autoridade analítica[1]

Gostaria de pensar na fundamentação teórica de algo que repetimos à exaustão: *um analista não se autoriza mais do que a partir de sua própria análise.* Simultaneamente a essa afirmação surge outra: um analista pode ser reconhecido como tal por seus pares. Esta segunda ideia sustenta, inclusive, a prática de admissão de analistas ao Departamento de Psicanálise do Instituto Sedes Sapientiae, de São Paulo, do qual participo como membro.

Para fazer um recorte específico de minha abordagem, vou circunscrever minha argumentação a alguns aspectos do tripé que sustenta a formação de analistas. Deixarei de lado, assim, os temas relativos à formação teórica do analista e à supervisão

---

1 Apresentado no Departamento de Psicanálise do Instituto Sedes Sapientiae (São Paulo) em abril de 2008, numa jornada sobre formação de analistas, cuja realização me despertou o desejo de elaborar um pouco a experiência de ter pertencido à Comissão de Admissão deste Departamento e, assim, de ter me deparado com as inúmeras dificuldades implícitas no exercício de admitir – reconhecer – um outro como analista.

de sua prática clínica, requisitos indispensáveis e inquestionáveis, mas não suficientes para determinar o reconhecimento. Isso não significa que em ambas as partes do tripé não aconteçam efeitos que precisam ser reavaliados e discutidos.

Utilizarei os mecanismos de reconhecimento e autorização de algumas associações de analistas para poder compará-los com a prática de admissão adotada na instituição de que participo e tentarei elaborar algumas considerações sobre o reconhecimento. Para tanto, acho importante podermos pensar nos conceitos de identificação e identidade para ter uma primeira aproximação ao que pode tanto explicar quanto complicar o reconhecimento.

Reconhece-se um cadáver como pertencente a um ser vivo que não está mais ali para dizer quem ele é. Reconhece-se algo que dá indícios de uma identidade. Reconhece-se um corpo que pertenceu a alguém.

O *Dicionário Houaiss da Língua Portuguesa* (Houaiss & Villar, 2001) lista várias definições para o verbo *reconhecer*. O termo tem etimologia do latim *recognosco*: "fazer a revista de, inspecionar, examinar, verificar, ver". Essas definições apontam para a pregnância da imagem e do ver no ato de reconhecer. Algumas, porém, incorporam o sentido da *admissão*[2]. Vejamos algumas das definições para podermos pensar o reconhecimento na psicanálise.

---

2 Significados de "reconhecer" (Houaiss & Villar, 2001):
"1. conceber a imagem (de uma coisa, de uma pessoa) que se revê;
2. distinguir algo ou alguém por determinados caracteres;

Comecemos pela definição 2: "distinguir algo ou alguém por determinados caracteres".

O que reconhecemos de um analista?

O reconhecimento de um traço – no outro – que identificamos como próprio, está alicerçado no fenômeno da identificação. Esse conceito que ingressa na teoria freudiana *a posteriori* dos desenvolvimentos sobre a escolha do objeto sexual, também representa um percurso subjetivo de constituição e criação.

A identificação secundária permite ao sujeito elaborar as perdas e, ao mesmo tempo, acrescentar um traço do objeto perdido. Ao contrário, a identificação primária ou narcísica, ainda que propicie um primeiro tipo de organização ao caos pulsional imperante, instaura a indiferenciação de imagens, as versões totalizantes e totalitárias que têm por efeito, entre outras coisas, a adesão passiva às figuras de autoridade.

A construção de um outro, semelhante a mim e, ao mesmo tempo, radicalmente diferente na sua singularidade advém de um longo processo de subjetivação e simbolização e, fundamentalmente, da ressignificação operada pela

---

3. admitir como verdadeiro, real;
4. considerar com atenção, observar, explorar;
5. mostrar gratidão a; agradecer;
6. perfilhar legalmente (o filho legítimo);
7. tomar conhecimento de novo, constatar;
8. distinguir os traços característicos de; caracterizar, identificar;
9. contar (os erros) declarar, confessar;
10. ter por legítimo, admitir como bom, legal ou verdadeiro;
11. rever a própria fisionomia, traços morais em alguém."

castração, com a consequente renúncia e perda das idealizações narcísicas.

A psicanálise, como campo do saber, oferece-nos uma multiplicidade de linhas teóricas e uma variedade de instituições e associações que tornam mais complexas e enriquecedoras as escolhas identificatórias dos que desejam ser analista. Também criam dificuldades para o reconhecimento do outro analista, na sua singularidade e diferença.

A maneira de lidar com essas diferenças gera, às vezes, atitudes dogmáticas de exercício do poder por parte das instituições de analistas, que se afastam da consigna freudiana de preservar a psicanálise, e se aproximam muito mais do desejo mercadológico de preservar os analistas. Sob risco de estabelecer uma generalização perigosa, seria interessante pensarmos se, no reconhecimento do outro como analista, não se trata, às vezes, da exigência de uma adesão totalizante e totalizadora, muito mais nos moldes de uma identificação fusional do que na leitura de um ou mais traços que definem um analista.

É o que entendo como adesão incondicional a postulados teóricos ou esquemas de reconhecimento que estão pautados muito mais em supostas identidades predefinidas e que deixam pouco espaço à produção do saber e da subjetividade, ambas sempre em movimento. Ou seja, é preciso poder distinguir aspectos cruciais que nos permitam caracterizar um analista e, ao mesmo tempo, superar os entraves decorrentes de ficarmos aprisionados às "pequenas diferenças".

Vamos recorrer a outra acepção da palavra reconhecimento, a que aparece na definição 8: "distinguir os traços característicos de, caracterizar, identificar".

A identidade, enquanto conceito psicanalítico, está vinculada ao narcisismo e à constituição do eu. Nesse sentido será impossível conceber a função analítica como identidade. Quando falamos da autorização de si de um analista, não nos referimos ao "sentimento de si", expressão cara a Freud (1914) quando estabelece alguns dos efeitos da organização narcísica do eu. Estamos mais próximos de outra formulação freudiana: a necessidade de ter experimentado o inconsciente. Evidentemente, avançou-se muito na formulação do que significa essa experiência de análise do analista.

Se por um lado resulta ingênuo reduzi-la a uma mera constatação da existência do inconsciente, por outro lado é igualmente simplório supormos que não haverá efeitos perversos e vicariantes numa análise que se propõe a fazer parte do currículo de formação do analista, e que sofre múltiplas determinações institucionais, por exemplo. Sabemos que diversos registros operam na demanda por ser analista e nem todos se referem ao sujeito desejante. Há uma demanda social, um anseio profissional envolvido, especialmente nas solicitações de análise feitas a partir de uma pertença institucional. Desconhecer essas variáveis significa ignorar as determinações sociais contemporâneas ou imaginar que elas não afetam os caminhos que levam à escolha pela psicanálise considerada, às vezes, um trabalho remunerado e inserido em um modo capitalista de produção.

Ser analista tampouco remete necessariamente aos documentos que dão conta de um percurso identitário. Não responde a um currículo determinado. Pelo contrário, é causa e efeito de um processo. Tornar-se analista exige uma práxis que dê consistência, então, a um estado precário, que se atualiza a cada escuta do sofrimento alheio.

Esse "estar analista" abre uma dimensão de temporalidade bastante específica de nosso campo e vai de encontro a qualquer formulação identitária. A temporalidade que opera na construção de um analista, como a que opera na constituição do sujeito, é feita de reconhecimentos e ressignificações de nosso lugar e de nossa função.

Se considerarmos que tornar-se analista é um processo pessoal e intransferível – mas essencialmente transferencial – os outros analistas têm um papel preponderante na nossa formação, o que nos leva a pensar na definição 6: "perfilhar legalmente (o filho legítimo)". Não por acaso fala-se, frequentemente, de filiação em termos de pertença institucional e de referencial teórico.

As diversas instituições parecem coincidir e defender a importância do tripé na formação de um analista, apesar do qual, percorrendo diversos modos de admissão e reconhecimento de analistas, vemos o acento recair ora em um ora em outro aspecto do tripé.

Quando aparece como exigência do controle institucional tripartite, a temporalidade cronológica – e não a psicanalítica – adquire um valor relevante, e as figuras de autoridade, também. São determinadas quantas horas de supervisão e análise e com quem, por exemplo.

A filiação passa a ser entendida de maneira quase sinistra: há um estranho familiar quando pensamos que existem figuras de autoridade que podem garantir o percurso dos filhos, *a priori* de qualquer transferência e por decreto.

Cabe aqui se perguntar pelo lugar da fratria na filiação e no reconhecimento de um analista. A fratria parece ter seu lugar delimitado a acompanhar e propiciar o percurso de formação teórica de um analista, mas na maior parte das associações de analistas não participa ativamente do reconhecimento e da admissão de esse analista à instituição.

Qual é o totem e qual é o tabu entre a fratria de analistas?

Às vezes, como no caso da instituição de que participo[3], a clínica adquire um valor totêmico e reverencial no que se refere a sua característica e função. É importante frisar que, quando falamos de clínica psicanalítica, estamos dizendo muito mais do que prática clínica: estamos exigindo que o analista seja capaz de refletir sobre sua prática e, de alguma forma, concordamos com a importância da possibilidade de transmissão da experiência clínica, para além da supervisão. Isso abre um importante campo de pesquisa, já que fica clara

3 Departamento de Psicanálise do Instituto Sedes Sapientiae (São Paulo, SP).

a necessidade de uma elaboração, por parte do analista, do material clínico das sessões de seu analisando e de suas intervenções, feita a partir de uma demanda institucional.

Esta experiência de escuta da clínica dos nossos colegas analistas está marcada pelos percalços do caminho percorrido pela clínica psicanalítica em mais de um século de existência. Mudaram as patologias ou ampliou-se a escuta para as novas doenças da alma? Para nossa discussão, isto é irrelevante. O fato é que nos vemos às voltas com práticas clínicas realizadas em situações de enquadre que distam muito da análise-padrão (cura-tipo) e nos exigem, a cada vez, uma leitura cuidadosa da metáfora teórica e da análise pessoal que sustenta a prática de cada analista.

Mesmo assim, as questões teóricas estão suficientemente elaboradas atualmente como para que se possam estabelecer critérios claros de intervenção clínica que são cada vez mais independentes das referências ao enquadre, por exemplo. A dificuldade surge no estabelecimento de mecanismos institucionais que possam acolher, diferenciar e reconhecer esses avanços, sem inclusões indiferenciadas ou exclusões dogmáticas e totalitárias.

Evidentemente, seria ingênuo pensarmos que não operam ali também efeitos vicariantes que podem interferir na escolha do paciente a ser apresentado e no próprio modo de apresentá-lo. Freud sugeria que se utilizassem somente análises terminadas como exemplos clínicos ou para análise de caso. Essa providência pode preservar o paciente de possíveis efeitos nocivos da utilização do seu caso no andamento do processo analítico, mas não necessariamente resolve as questões do lado do analista que conduziu a cura e dos analistas que escutam essa apresentação.

As diferenças institucionais em relação ao lugar que ocupa a prática clínica na admissão de analistas são extensas. Em muitas instituições ela é avaliada por um critério temporal, como já foi dito. Em outras, soma-se a esse critério alguma outra exigência.

Nos *Seminários Psicanalíticos de Paris*, dirigidos por J.-D. Nasio, por exemplo, a designação de analistas se regula por um critério temporal e outro vinculado à clínica.

Afirma Nasio em entrevista concedida a Emiliano del Campo (2001):

> Devo dizer [...] que há um critério para o reconhecimento de analistas, que é o de dizer que é analista aquele que analisou um paciente cuja cura o fez tornar-se analista. Um analista é aquele que conduziu uma cura de um paciente que se tornou analista. Deveríamos dizer que levou a cabo a cura de um paciente que se transformou em analista porque ele mesmo conduziu a cura de um paciente que se tornou analista. Quer dizer que são necessárias duas gerações para ser reconhecido como analista, como critério. [...] Há dois critérios. Um, é o critério objetivo, próprio da condução da cura do paciente que se tornou analista, um paciente do qual se levou sua cura até o fim e que se

> tornou analista. E o segundo critério, que é o de minha própria autorização, que é pessoal, subjetivo. É o que chamo de um critério de filiação. Esta filiação é a que me leva a designar aqueles – não é uma designação individual, é uma designação de grupo, já que eu digo que todos aqueles que foram aceitos no seminário, que tiveram uma assistência regular de cinco anos, e isto é muito importante, e que fizeram supervisão pelo menos por três anos, são números que é preciso dar – são aqueles que podem ser designados como analistas. [...] Não digo que essa seja a solução do problema. Digo que é a solução momentânea que utilizamos no *Seminário Psicanalítico de Paris*. É a que nos pareceu mais adaptada e com a qual funcionamos há 15 anos[4].

Nesta entrevista, Nasio não se alonga na explicação desse critério de filiação. Mas, em outros momentos dela, discorre sobre o número de interessados nos seus seminários (até mil pessoas) e na predominância de pessoas muito jovens assistindo-os, o que ele julga extremamente positivo. Vale salientar aqui que nem todos os que assistem os seminários fazem a formação de supervisão ou se tornam necessariamente analistas do grupo. Para os que serão analistas do grupo, parece valer o critério temporal: tantos anos de supervisão e estudo teórico e serem "avós" de um analista!

[4] Tradução da autora.

Seja como for, ele é claro em dizer que é assim que funcionam, e que talvez essa não seja a solução. Mas isso parece ser operativo para eles.

Existem ainda algumas questões cruciais em relação à clínica psicanalítica, na qual diversas associações de analistas parecem concordar e que não podem, por assim dizer, ser negociadas.

Ao definir uma prática clínica como psicanalítica sustentamos que essa prática não seja alicerçada por uma oferta de resposta ao sintoma, e sim, ao sofrimento humano. A transmissão da experiência clínica pode ser uma forma de levar em frente o reconhecimento de um analista? Parafraseando Nasio: é assim que funcionamos...

O fato de estarmos sendo operativos não nos exime de questionar e elaborar um pouco mais nossa experiência, nem tanto para estabelecer critérios formais de avaliação, mas como uma maneira de transmiti-la e formulá-la teoricamente.

Em outras instituições, a análise do analista adquire valor totêmico. Dar conta da passagem ao desejo de analista será a abertura para que esse analista possa ser reconhecido como membro do clã. A invenção de Lacan, que instaura um novo desafio às associações de analistas, é dizer que essa experiência de passagem ao lugar de analista também é passível de transmissão, apesar de intransferível. As dificuldades e impasses que aparecem atualmente nesse modelo de reconhecimento têm a ver, entre outras coisas, com quem ocupa o lugar de ser testemunha do passe. Novamente encontramos aqui os lugares de autoridade paterna em algumas instituições e lugares de fratria em outras, mas não é um caminho sem espinhos.

Participei certa vez de um evento aberto de uma instituição lacaniana, e tive a oportunidade de saber que ali, é o analista do candidato quem decide e avalia se alguém é um "passador". A partir desse momento, o candidato ao passe trabalha com o grupo de outros "passadores" da escola que, posteriormente, testemunharão sua apresentação. Essa passagem, geralmente, significa um lugar institucional diferenciado e irreversível dentro da estrutura de poder da instituição.

Algumas instituições psicanalíticas "garantem" seus membros, inclusive internacionalmente. É engraçado procurar a definição da palavra *garantia* no dicionário, pelas suas conotações mercadológicas. Vejamos no Dicionário Houaiss (Houaiss & Villar, 2001) uma das acepções do termo:

> [...] documento que assegura a integridade de um produto vendido e/ou a boa qualidade ou durabilidade de um serviço prestado ou que obriga a um fabricante a consertar ou substituir a mercadoria com defeito e ao prestador de serviço a refazê-lo se insatisfatório.

Em todo caso, interessa-me remarcar, como tema de discussão, que a reflexão e a transmissão da experiência – seja da prática clínica ou da análise – ocupam um lugar cada vez mais importante nos mecanismos de reconhecimento entre analistas e assinalam uma mudança importante em relação aos sistemas tradicionais de admissão baseados em percursos temporais e nas figuras de autoridade. Ao mesmo tempo, as questões relativas ao poder se deslocam, não desaparecem.

A questão de quem exerce o poder institucional e como, parece ser o tabu das instituições. Ou seja, se a autorização de um analista é de si mesmo – não de seu narcisismo, mas de sua análise e de sua práxis – o lugar destinado às instituições é o de testemunhar o reconhecimento.

Já é uma questão difícil quando o reconhecimento opera de maneira imaginária como uma garantia ou uma autorização. Mas se a instituição ou o Estado operam efetivamente como garantia, identificados a esse imaginário, a autorização analítica desaparece e se instaura a identidade e a autoridade.

Como podemos ver, é fácil resvalar para situações de institucionalização de práticas que se tornam imobilizadoras do desejo de analista e se afastam daquilo que nomeamos como essencial ao processo de associação de analistas: preservar a psicanálise.

No Departamento de Psicanálise do Instituto Sedes Sapientiae algumas práticas implantadas desde o começo da admissão de analistas visam a abrir o processo para o conjunto de analistas da associação, como a apresentação pública do caso clínico e a escolha dos membros que integram a comissão, realizada em assembleia geral de membros. A importância de ambos os eventos não é suficientemente avaliada se não levarmos em conta o que elas significam para o reconhecimento de uma instituição no campo da psicanálise atual.

É evidente que elas não bastam, por si só, para garantir o que não tem garantias. São processos que somente adquirem significado com a participação ativa e questionadora de todos os envolvidos. Caso contrário, correm o risco de se burocratizar e de se transformar em autoritarismos falsamente democráticos. Por isso é fundamental o esforço em manter a psicanálise trabalhando para que a formação dos analistas não se distancie das questões políticas do campo psicanalítico e da cultura contemporânea.

Referências bibliográficas

FREUD, S. (1914). Introducción del narcisismo. *Obras Completas*. Buenos Aires: Amorrortou, 1987, v. XIV.

HOUAISS, A. & VILLAR, M. S. *Dicionário Houaiss da Língua Portuguesa*. Rio de Janeiro: Objetiva, 2001.

NASIO, J.-D. Entrevista a Emiliano del Campo. *Acheronta*, n. 13, julho de 2001. Disponível em: www.acheronta.com.ar. Acesso em: 10 set. 2013.

7.

A LINGUAGEM DOS FENÔMENOS INCONSCIENTES[1]

Psyche *é uma palavra grega e se concebe, na tradução alemã, como alma* (Seele). *Tratamento psíquico significa, portanto, tratamento anímico. Assim, poder-se-ia pensar que o significado subjacente é: tratamento dos fenômenos psicológicos da vida anímica, mas não é esse o sentido dessas palavras. "Tratamento psíquico" quer dizer, antes, tratamento que parte da alma, tratamento – seja de perturbações anímicas ou físicas – por meios que atuam, em primeiro lugar e de maneira direta, sobre o que é anímico no ser humano. Um desses meios é sobretudo a palavra e as palavras são também a ferramenta essencial do tratamento anímico.*

(Sigmund Freud)[2]

1 Publicado originalmente na *Revista Brasileira de Psicanálise*, v. 43, n. 1, 2009, p. 61-68.

2 "Tratamento psíquico (ou anímico)". In: *Edição Standard Brasileira das Obras Psicológicas Completas*. Rio de Janeiro: Imago, 1989, v. 7, p. 259.

O olhar estrangeiro

Quando fui convidada a pensar sobre as peculiaridades da língua portuguesa e sua relação com a psicanálise, várias questões me inquietaram devido à vastidão do tema. Evidentemente, a primeira delas foi delimitar esta abordagem ao uso da língua portuguesa nas análises realizadas com pacientes brasileiros. Meu conhecimento do uso do idioma em outros países de língua portuguesa é insuficiente para incluí-los nos meus apontamentos.

Outro tema a ser levado em consideração para a leitura deste texto é o fato de minha língua materna não ser o português. A língua portuguesa me acompanha – e me surpreende – há mais de trinta anos, e posso considerá-la uma boa língua materna "adotiva".

Adotar e sermos adotados por uma língua estrangeira nos permite o acesso a outra cultura, a outros pensares e a novas visões da realidade, mas também preserva, em seu núcleo, um aspecto intraduzível que precisa ser apreendido como tal. Ou ele se torna próprio, intraduzível, porém vivo, ou fica-se estrangeiro à língua, mero tradutor. É como dizer que uma língua estrangeira não se aprende, ela nos apreende na sua teia de significações. Fazendo uma comparação apressada com a importância dos sonhos em um processo de análise, de nada serviria a interpretação destes se ela não fosse gerada em transferência, já que correria o risco de ficar como uma excelente produção teórica sem carne, sem vida e sem ação.

Considero, então, a existência de diferentes formas de apropriação da língua estrangeira, de torná-la viva e ouvi-la ecoar dentro de nós. A língua estrangeira se recria na literatura, na metáfora e nos clichês de cada cultura, e o processo por meio do qual novas palavras chegam a substituir as antigas é fascinante. A sensação de vastidão psíquica que se experimenta é equivalente ao alívio produzido por uma boa interpretação analítica: há a dor de não saber, o saber sobre a dor e o "aligeiramento" daquilo que pesava sobre nós como língua morta, como latim inútil da alma.

A passagem que se realiza do indiferenciado narcísico ao diferenciado da castração é outro exemplo das dificuldades que se enfrentam, inevitavelmente, no aprendizado de uma língua estrangeira. É frequente, na conversa entre estrangeiros, discorrer longamente sobre o sentido das palavras: "ali quer dizer tal coisa; aqui não, é justamente o oposto etc.". Produz certa euforia o reconhecimento do igual, a imagem especular, a não exclusão. Quase como um automatismo da mente, pensamos em uma língua e traduzimos incansavelmente a outra, como se fosse impossível abandonar a "mãe-idioma"/língua materna sem vivenciar o ônus de uma traição. A primeira intenção é a de amar o igual e sentir o diferente como ameaçador.

No entanto, deixar no passado o aconchego do familiar e abrir a mente para outros circuitos de pensamento, para novas sintaxes e significados desconhecidos implica, como toda castração, uma perda e um limite que propiciam uma feliz abertura ao novo.

Apesar disso, a língua materna resiste nos sotaques diferenciados, nas construções bizarras, na face cômica de certos enganos. Em uma das primeiras sessões de análise que realizei em São Paulo, uma paciente discorria longamente sobre o enigma do seu sofrimento. Ela não podia sequer imaginar por que, sendo uma pessoa tão afortunada na sua vida social e pessoal, a angústia se fazia presente no início de cada noite, levando-a a padecer crises de insônia e outros sintomas que não vem ao caso descrever. Sobre o final de seu relato, um – para mim – enigmático "sei lá" encerra sua fala e se estabelece o seguinte diálogo:

– ... Sei lá!

– Sim, você sabe lá, e é por isso que está aqui.

– (*Silêncio*).

Aprendi posteriormente que o significado da expressão é justamente o contrário, o que não invalida a intervenção. Até hoje considero interessantíssimo que, para expressar o desconhecimento sobre determinada questão, afirme-se um saber em algum lugar indeterminado. Como se a confirmação do saber inconsciente se manifestasse de maneira clara e transparente, à diferença de outras línguas, nas quais é frequente acharmos expressões de desconhecimento que poderiam ser traduzidas como "quem sabe?" (quando ainda se tem esperanças de achar algum sujeito suposto ao saber); ou "não sei" (quando o eu se enuncia como sinceramente ignorante).

Como muitos outros estrangeiros, também sofri equívocos engraçados com o contraditório "pois não":

– Podemos marcar a sessão na quinta-feira?

– Pois não.

– Então, procuremos outro horário...

Também aprendi o valor e a sofisticação da palavra saudade. Intraduzível e precisa, ela pode nomear muitos momentos da minha vida que, sem ela, teriam ficado reduzidos a simples nostalgia.

A existência desta palavra, entre outras razões, fomenta o imaginário cultural que tende a considerar o português uma língua mais precisa do que outras para exprimir afetos. Prefiro pensar que o uso da língua é mais efusivo e desproporcional. Meus pacientes "amam" pessoas, animais, carros, passeios, ideias etc., o que os leva a ter que estabelecer e utilizar outros recursos da língua para diferenciar aquilo que é verdadeiramente amado do que é simplesmente um gosto ou uma afeição.

Sabemos o quanto é importante trabalhar com os nomes dos nossos pacientes, sejam eles criações puras ou escolhas mais socializadas, já que portar um nome é parte do cordão umbilical simbólico que sobra da relação com os pais. Assim, nesse tipo de trabalho, continuo me surpreendendo com a liberdade em relação à língua no que se refere à criação de nomes próprios no Brasil.

Se o sobrenome dá conta de uma genealogia que não pode ser alterada radicalmente, e desta forma mantém um vínculo com a lei e a cultura, os nomes parecem expressar o puro desejo materno, oceânico e sem limites. Nomes que se formam pela junção arbitrária de vários nomes ou espelhados no sobrenome de figuras que respondem pelo ideal de eu dos pais. Nomes que são um puro som, quase uma música...

Será que a existência de tantos músico-poetas ou poeta-músicos no panorama cultural brasileiro pode ter a ver com algum tipo de relação de não submissão à língua, uma espécie de exigência de uso da linguagem *à la* Joyce, onde conta o ritmo e o som quase tanto quanto a precisão e a verdade da palavra? Como se não bastasse um único sistema de signos e se criasse livremente, combinando vários?

Essas reflexões apontam ao que delimitei como uso da língua portuguesa no Brasil e me parece importante frisar que respondem a uma observação entrecruzada por circunstâncias imaginárias determinadas, entre outras coisas, por um olhar estrangeiro. São usos da língua comuns à estrutura da linguagem, mas pautados cultural, social e subjetivamente.

Sendo a linguagem um elemento fundamental da nossa prática, independente da língua em que é falada, o que nos ocupa, como analistas, é o vínculo da linguagem do inconsciente com a teoria e a clínica psicanalítica.

Relação entre linguagem e psicanálise

A relação entre linguagem e psicanálise se torna evidente desde os primórdios da teoria psicanalítica.

A senhora Emmy von N., que pede a Freud (1889) para deixá-la falar espontaneamente, inaugura uma prática de livre associação que permanece, até hoje, como ferramenta indispensável de nossa clínica. A estreita relação da simbolização dos conflitos inconscientes com a escuta flutuante do analista é operada, também, por meio da linguagem. Sempre é bom lembrar que a escuta flutuante do analista não supõe que este fique em um processo de livre associação; trata-se da escuta do analista que confere igual valor às palavras de seu paciente, despido de preconceitos ou julgamentos que a desviariam do seu objetivo principal: o desvendamento do inconsciente.

No início do século passado, em "A interpretação de sonhos" (Freud, 1900), novamente a linguagem aparece como o único caminho de acesso ao mundo onírico. Se o sonho é a *via régia* para a manifestação do inconsciente, o que podemos trabalhar de um sonho é o seu relato. Daí a comparação feliz de Freud, quando fala de hieróglifos do sonho: mesmo o relato feito pelo paciente está sujeito aos efeitos da censura, aos múltiplos deslocamentos e às condensações que transformam o dito sobre o sonho – e o não dito – em um desafio a ser elaborado a partir das associações do paciente que possam ressignificar cada elemento do sonho em uma linguagem particular e exclusiva para cada sujeito. Verdadeiros hieróglifos de nossa subjetividade, esses relatos atabalhoados, plenos de vazios significantes, esquecimentos ativos, condensações e deslocamentos, nos permitem adentrar no universo desconhecido... sempre até um umbigo indecifrável.

Ao definir a psicanálise como uma terapia da alma, Freud (1890) volta a insistir no valor das palavras e se permite certa ironia com as antigas práticas mágicas e místicas, especialmente quando estas adquiriam força suficiente para influenciar os indivíduos e produzir efeitos insuspeitados.

Vale lembrar que a hipnose tinha ocupado e frustrado Freud no que se refere ao valor sugestivo da palavra. Em vários trabalhos, ele define a necessidade de afastar quaisquer riscos de utilizar o poder das palavras do analista, situado transferencialmente como saber, para influenciar as decisões dos pacientes.

É outro efeito e outra articulação significante aquela procurada pelo pai da psicanálise e refere-se ao que descarta o poder sugestivo da intervenção analítica, ou seja, o que opera de maneira a simbolizar e ressignificar aquilo que repete e empobrece a vida humana.

No encontro entre analista e paciente, há um desencontro fundamental e fundante da transferência: o paciente vem nos falar de um estrangeiro nele, daquilo que ele não sabe e gostaria de saber e o analista escuta, em uma língua "estranhamente familiar", sem saber qual será, de fato, o idioma do inconsciente.

São frequentes, nesse sentido, o que gosto de chamar de *neologismos de uma análise*: palavras que adquirem um peso e uma significação próprias a cada paciente e que se aproximam de definir o inefável da experiência analítica.

Para citar um exemplo: a partir de um ato falho que nomeou o esposo como "espócio" (esposo-sócio), desenvolveu-se, em um processo de análise, uma série de neologismos para definir diferentes momentos da relação afetiva da paciente com seu cônjuge e com a própria análise ("ex-poço", "eu-posso", "é-pós"). À diferença dos neologismos da psicose, verdadeira errância intransferível da língua, os neologismos da análise se aproximam da criação poética, no afã de nomear o que insiste em ser representado.

Freud elabora uma primeira tópica do aparelho psíquico que aparece, aos olhares mais ingênuos, como um verdadeiro sistema de tradução no qual a representação-coisa inconsciente deverá se ligar à representação-palavra pré-consciente para ter acesso à consciência. É preciso ressaltar a diferença fundamental sobre essa leitura do trabalho analítico como mera tradução do inconsciente, que reside no fato de não existir uma correspondência preestabelecida por uma organização simbólica qualquer entre ambas as "línguas". A associação entre uma e outra representação é fruto do acaso, da proximidade e da repetição de um circuito de satisfação da pulsão que cria caminhos de prazer-desprazer ou que simplesmente fica, como intensidade sem simbolização, na procura cega de uma descarga.

A história vivida individual de cada um, a sexualidade infantil, os processos de ressignificação e a herança identificatória contribuem como um todo para completar os circuitos pulsionais e suas vicissitudes, e é sobre isso que se fala numa análise, mesmo que as palavras sempre pareçam dizer outra coisa.

A importância das palavras reaparece em vários trabalhos de Freud ao longo de sua obra. Os textos sobre a psicopatologia da vida cotidiana, a leitura dos atos falhos, próprios e alheios, que o autor realiza em diferentes momentos de sua teorização e a referência constante à poesia e à literatura em geral, são provas da estreita ligação da psicanálise, desde sua origem, com a palavra dita, escrita, ouvida e lida. Assim, o intercâmbio de saberes e de linguagens oferece consistência à nova ciência.

Os fenômenos psíquicos são nomeados tomando-se como referência as próprias palavras da linguagem coloquial: angústia, medo, amor, ódio, prazer, desprazer, satisfação e, para além... o inominável. Mitos como o de Narciso e o de Édipo são utilizados como metáforas de complexos processos anímicos.

Parte do trabalho analítico consiste em retornar às palavras de cada paciente seu verdadeiro significado inconsciente, despido das inúmeras ressonâncias fantasísticas que não lhe permitem criar, escolher e mudar em liberdade. Esse processo não é de apropriação de um sentido prévio e oculto, mas de simbolização constituinte e de alívio da repetição mortífera e imobilizadora. A palavra opera como letra, como marca – representação – e adquire sua significação somente na combinação com outras.

A teoria do significante, desenvolvida por Jacques Lacan (1971), trabalha esse aspecto da teoria freudiana e formula interessantes aportes que permitem diferenciar claramente o que é da ordem da linguagem daquilo que se estrutura *como* uma linguagem inconsciente em que, pautadas por uma sintaxe subjetiva, as palavras são simples suportes das significações de cada um. As palavras podem ser antigas; as significações são únicas, pessoais e intransferíveis.

Outro bom exemplo da persistência freudiana na procura do valor das palavras nos é dado por ocasião da formulação da segunda teoria pulsional e da segunda tópica do aparelho psíquico.

A frustração decorrente das limitações do trabalho com o inconsciente representacional, regido pelo princípio de prazer e supostamente capaz de deciframento e interpretação, ficam evidentes na sistematização dos fenômenos que se encontram para além do princípio de prazer e que não respondem à lógica pulsional que, até então, oscilava entre o sexual e a autoconservação. Enunciar a pulsão de morte equivale a dizer que há algo que insiste em um retorno ao vazio, algo que não acha representação-palavra para se expressar, que opera compulsivamente e que precisa ser abordado de forma diferente.

No *Das Ich und das Es* (1923)[3], podemos apreciar uma diversidade de lugares psíquicos interagindo de maneira

[3] Traduzido para o inglês e português como "O ego e o id" na *Edição Standard Brasileira das Obras Psicológicas Completas*, numa tentativa de sofisticar os

conflitiva. Alguns se constituem inicialmente na identificação com a imagem do outro, como o eu. Já o supereu, como um verdadeiro "capacete acústico", é receptáculo de vozes.

A fusão pulsional que anima cada uma dessas instâncias, bem como os processos identificatórios que lhes dão origem e os aspectos ideais que anunciam uma dimensão de futuro para o sujeito do inconsciente, introduzem no pensamento freudiano questões técnicas que não se esgotam na interpretação. O valor de verdade da construção em análise, ou seja, da formulação que liga, por intermédio de palavras, fatos da história primitiva do paciente com repetições atuais, opera produzindo subjetivação onde antes havia apenas vazio de significação.

Silvia Bleichmar (2005) desenvolveu esse tipo de intervenção clínica a partir de uma longa experiência de psicanálise com crianças. Diferenciando claramente os transtornos psíquicos dos sintomas, introduz o conceito de *neogênese* para fundamentar a necessidade de intervir de maneira diferente em um caso ou em outro.

A definição de transtorno como aquilo que opera enquanto pura intensidade psíquica e que não remete a uma significação devido a alguma falha simbólica importante orienta o trabalho do analista no sentido de não se atrelar à procura do desvendamento de significados inconscientes.

---

pronomes usados por Freud em alemão o que, como vimos, contradiz o espírito freudiano de chamar as coisas pelo seu nome (nossos pacientes se referem a si como "eu", mas na Grécia deve ser diferente!).

Pelo contrário, compromete o analista na tarefa de oferecer alguma significação e construir mecanismos de simbolização capazes de estancar o fluir caótico da pulsão.

Tratando-se de sintomas – em que há uma solução de compromisso que precisa ser ressignificada e, portanto, decifrada e reconhecida – a intervenção do analista se orienta no sentido de tornar consciente o inconsciente recalcado.

Este breve resumo do conceito de neogênese não dá conta, evidentemente, da riqueza deste e de suas relações com os sintomas e transtornos psíquicos. As implicações clínicas no trabalho com crianças e com pacientes *borderline* são enormes e interessantíssimas, já que permitem uma abordagem da linguagem presente quando as palavras faltam.

De um modo ou de outro, nossa prática clínica ou "terapia da alma" é feita de palavras; e poder-se-ia acrescentar: de palavras e silêncios, de palavras e gestos, de palavras e afetos. De linguagem, em suma!

De muitas formas e ao longo de toda sua obra, Freud extrai das palavras o peso de uma revelação. A profícua obra freudiana, com seu estilo particular de diálogo com supostos adversários questionadores, é uma revolução teórica que opera mudanças substanciais na forma de conceber nosso saber sobre o humano e inicia uma trilha que ainda reelaboramos, a cada vez que alguém nos procura para falar de suas dores e angústias.

O trabalho como psicanalista nos coloca na situação de ter de escutar uma língua estrangeira na língua comum.

Nesse sentido, experimentamos alguns fenômenos que são próprios do aprendizado de idiomas, como foi explicitado anteriormente.

É claro que existem peculiaridades que são efeitos da cultura e reverberam numa análise, mas que não podem ser atribuídas necessariamente ao idioma em que a análise é feita, e sim ao papel preponderante da linguagem na constituição subjetiva; ou seja, referem-se a nossa herança como membros de determinada cultura que se estrutura graças aos efeitos de linguagem nela presentes.

Como uma referência comum, a língua nos torna falantes; e a nossa fala sustenta a língua, num amálgama que, de um lado, nos estrutura e, de outro, nos faz capazes de liberdade e criação.

Referências bibliográficas

BLEICHMAR, S. A psicanálise “de fronteira”: clínica psicanalítica e neogênese. In: *A fundação do inconsciente*, p. 175-204. Porto Alegre: Artes Médicas Sul, 1994.

______. *Clinica psicanalítica e neogênese*. Buenos Aires: Amorrortu, 2005.

FREUD, S. (1889). Estudios sobre la histería. *Obras Completas*. Buenos Aires: Amorrortu. 1987, v. II.

______. (1890). Tratamento psíquico (ou anímico). In: *Edição Standard Brasileira das Obras Psicológicas Completas*. Rio de Janeiro: Imago, 1989, v. VII.

______. (1900). La interpretación de los sueños. In: *Obras completas*. Buenos Aires: Amorrortu. 1987, v. IV-V.

______. (1901). Psicopatología de la vida cotidiana. *Op. cit.*, v. VI.

______. (1920). Más allá del principio del placer. *Op. cit.*, v. XVIII.

______. (1923). El yo y el ello. *Op. cit.*, v. XIX.

______. (1937). Construcciones en el análisis. *Op. cit.*, v. XXIII.

LACAN, J. Función y campo de lapalabra y del lenguaje em psicoanálisis. In: *Escritos 1*. México: Siglo Veintiuno, 1971.

8.

O CONCEITO FREUDIANO DE LUTO NORMAL: IMAGINÁRIOS CULTURAIS E CLÍNICA CONTEMPORÂNEA[1]

A leitura recente dos textos *O mal-estar na pós-modernidade*, de Zygmunt Bauman (1998) e *A erótica do luto no tempo da morte seca*, de Jean Allouch (2004), leva à reflexão sobre uma série de questões sobre o conceito de "luto normal" em Freud e, em especial, das implicações clínicas que o trabalho com o luto pode trazer, na atualidade.

Zygmunt Bauman nasceu em Poznari, Polônia, em 1925. É um sociólogo que iniciou sua carreira na Universidade de Varsóvia, onde teve artigos e livros censurados e da qual foi afastado, em 1968, reconstruindo a carreira no Canadá, Austrália e Estados Unidos, até chegar à Inglaterra, em 1971. Lá tornou-se professor titular da Universidade de Leeds, cargo

---

1 Publicado originalmente no livro *Psicanálise em trabalho*, organizado por Flávio Carvalho Ferraz, Lucía Barbero Fuks & Silvia Leonor Alonso. São Paulo: Escuta, 2012, p. 241-248.

que ocupou por vinte anos. Recebeu os prêmios Amalfi (em 1989, pelo livro *Modernidade e Holocausto*) e Adorno (em 1998, pelo conjunto de sua obra). Atualmente, é professor emérito de Sociologia das Universidades de Leeds e Varsóvia.

Como um pensador das questões da pós-modernidade, possui uma vasta produção sobre a leitura do mundo atual que, curiosamente, define como "líquido". São dele, entre outras obras interessantes, *O amor líquido* e *O medo líquido*. Essa qualidade de liquidificação se refere às características da realidade atual de não apresentar uma forma definida e estável e, pelo contrário, parecer se adaptar às formas e exigências de modismos consumistas. Ele define que essa realidade pode escorrer de uma forma para outra com muita facilidade e rapidez, sem deixar traços da forma anterior. Em uma entrevista dada a Maria Lúcia Garcia Palhares-Burke (*Tempo Social*, 2004), referindo-se aos jovens, disse:

> Eles não podem mais contar, como a antiga geração, com a natureza permanente do mundo lá fora, com a durabilidade das instituições que tinham, antes, toda a probabilidade de sobreviver aos indivíduos. Isso não é mais possível e, na verdade, a vida humana individual, apesar de ser muito curta, abominavelmente curta, é a única entidade da sociedade de agora que tem sua longevidade aumentada. Sim, somente a vida humana individual vê crescer sua durabilidade, enquanto a vida de todas as outras entidades sociais que a rodeiam

> – instituições, ideias, movimentos políticos – é cada vez mais curta. Assim, o único sentido duradouro, o único significado que tem chance de deixar traços, rastos no mundo, de acrescentar algo ao mundo exterior, deve ser fruto de seu próprio esforço e trabalho. Os jovens podem contar unicamente com eles próprios e só haverá em suas vidas o sentido e a relevância que forem capazes de lhes dar. Sei que essa é uma tarefa muito difícil [...].

O outro autor mencionado, Jean Allouch, é um psicanalista francês de formação lacaniana, nascido em 1939. Formado em psicologia e filosofia, participou dos seminários de Lacan desde 1962, tendo sido também seu paciente. Fundou, em 1985, a Escola Lacaniana de Psicanálise e, atualmente, coordena a coleção "Os grandes clássicos da erótica moderna" da editora Epel, ministrando seminários no Hospital Sainte-Anne. É autor de diversos livros, vários deles traduzidos para o português.

Do texto que nos ocupamos o autor menciona, já em seu título, o que nomeou como morte "seca", cuja ideia está baseada no estudo do que há de insubstituível na morte do objeto, naquilo que não aceita uma nova forma e que ele considerou não ter sido devidamente retrabalhado por Freud, mesmo após as formulações da pulsão de morte, da compulsão de repetição e da segunda tópica do aparelho psíquico.

Para além do jogo imaginativo que nos provoca a junção de líquido e seco, de poliforme e imodificável, de transitório e permanente, ambos os autores são uma excelente interlocução para algumas questões da clínica. Os longos processos de análise aos quais estamos acostumados atualmente propiciam, durante seu percurso, aos pacientes a possibilidade de se verem confrontados com a morte de um ente querido, situação que à época da produção freudiana talvez não fosse tão frequente. É importante salientarmos que não se trata, então, de pacientes que procuram análise em função de um luto recente ou por causa da patologização de um luto específico.

Sentimo-nos divididos entre a riqueza do material inconsciente que aflora desses momentos, não apenas na forma de lembranças, mas também como repetições, injunções superegoicas, afetos de desamparo, entre outros, e a prescrição freudiana da não intervenção no processo de luto normal, legando ao tempo que faça seu trabalho.

Recapitulando brevemente: Freud estabeleceu uma diferenciação entre o luto normal e o patológico e, por sua vez, diferenciou-os da melancolia. Fica claro em seus estudos o lugar do analista no tratamento do luto patológico ou da melancolia. No que concerne ao luto normal, a recomendação explícita de Freud é a de não interferir no trabalho psíquico que o sujeito realiza de maneira espontânea. Esse trabalho é caracterizado como um processo que se instala a partir da perda de um objeto investido libidinalmente e consiste na lenta retirada dos investimentos libidinais destinados ao objeto, para dirigi-los – em um primeiro momento – ao eu do sujeito.

Parece importante ressaltar que se trata de um trabalho que demanda tempo – a lenta retirada da libido – e que tem por objetivo a recuperação de um capital libidinal sem o qual o sujeito se vê impossibilitado de investir novamente em outro objeto. Como resultado do processo elaborativo do luto normal, novos traços identificatórios dão consistência ao sujeito e enriquecem sua subjetividade. A libido volta a circular à procura de outros objetos e os afetos de tristeza e dor, concomitantes ao luto, se tornam menos invasivos ou desaparecem por completo. Essa é, em uma síntese muito simplificada, a versão freudiana do trabalho de luto normal.

Deparamo-nos aqui com um primeiro problema: devemos considerar que o trabalho do luto tenha o mesmo estatuto teórico que o trabalho do sonho possui na obra freudiana?

Não é incomum ouvirmos, em referência ao conceito de trabalho em psicanálise, que o inconsciente realiza um trabalho de associação e perlaboração dos estímulos que impactam o aparelho psíquico, e que este trabalho é simultaneamente constituído por, e constituinte de, tal aparelho. Os trabalhos do sonho e do luto são mencionados, com frequência, como paradigmas desse tipo de trabalho do inconsciente. Ambos parecem não sofrer interferências da realidade externa, mas quando tal realidade é considerada por Freud, surge com uma valoração muito diferente no caso do sonho e do luto.

No que se refere ao sonho, o resto diurno é incorporado quase sem nenhuma relevância para a interpretação de seu conteúdo.

Já para o que Freud chama de luto normal (1915), o dado de realidade parece adquirir uma importância decisiva, definindo o estatuto do objeto, que – ele afirma – não está mais ali, com o sujeito sabendo o que perdeu e identificando, dessa maneira, o objeto da realidade à sua representação. Mesmo assim, pouco ou nada diz respeito às características desse objeto e de sua participação ativa na vida erótica do enlutado, que de certa forma, tornam-no insubstituível.

Jean Allouch (2004) afirma que a vida do morto, seus ideais, seu investimento erótico incidem no processo do luto e produzem uma identificação que leva, ou não, ao ato de continuar e concluir o que ficou inacabado ou interrompido pela morte. "A identificação está a serviço do ato; não se trata, essencialmente, de um ato de identificação" (p. 136).

Há uma diferença importante aqui, com a identificação totalizante da melancolia, que iguala o enlutado ao morto e o leva a sua própria inexistência, inibindo qualquer continuidade ou criatividade.

Pensando, ainda, no estatuto do trabalho do luto em relação ao trabalho do sonho, existe mais uma diferença no que se refere aos mecanismos que operam em um e em outro processo, tanto na sua constituição como no seu desvendamento. Freud descreve os diferentes elementos do sonho e nos dá, como analistas, recursos para a intervenção clínica no que consideramos um dos elementos privilegiados de acesso ao inconsciente.

O sonho é um fenômeno normal e sua interpretação, um dos momentos de clímax da intervenção analítica. O fato de ser um trabalho do inconsciente nos permite acesso às características do sonhador. Cada sonhador sonha os seus sonhos e não outros, e a linguagem do sonho, no processo de uma análise, responde muitas vezes às questões trabalhadas nas sessões.

Por que pensar que o luto não significa, também, um acesso privilegiado ao modo de funcionar do inconsciente? Por que – em relação ao luto – espera-se tanto da prova de realidade, como se ela fosse determinante da retirada de libido do objeto perdido? Que realidade circunda a produção teórica freudiana sobre o luto e qual acompanha nossa prática clínica, na atualidade?

É evidente que, no texto freudiano, não pairam dúvidas de que a referência à realidade está ancorada na percepção da realidade externa e é regida pelo princípio de realidade. Sabemos, contudo, que ela nos é apresentada – e está permeada desde o início – pela presença do outro. A instalação do princípio de realidade é fruto de um longo processo de subjetivação e os limites entre o que é percebido da realidade e aquilo que nosso desejo alucina são sempre lábeis e imprecisos.

Nesse sentido, vale lembrar que Freud escreve "Luto e melancolia" durante a Primeira Guerra Mundial e que sua tentativa de salvar uma metapsicologia fundada na absoluta compreensão dos fenômenos psíquicos e capaz de decifrar suas múltiplas determinações, deixa para trás a importância do traumático nas patologias psíquicas. Indubitavelmente, algo insatisfatório permeia o texto freudiano e anuncia, de alguma forma, a entrada em cena da pulsão de morte e da segunda tópica, que virão após 1920.

Ainda assim, não há um novo estudo sobre o luto na obra freudiana e ele fica retido nas malhas de um romantismo otimista: o da substituição de objeto por outro até melhor! O luto freudiano acena com uma esperança de uma vida melhor, tal e como algumas religiões soam fazer. Esse luto garante ao objeto uma vida após a morte sob a forma de uma identificação e propõe ao morto um lugar psíquico no ser do enlutado. Nesse sentido, Freud pode ser considerado um autor fiel ao ideário moderno.

Zygmunt Bauman (1998) afirma:

> Passados sessenta e cinco anos que "O mal-estar na civilização" foi escrito e publicado, a liberdade individual reina soberana: é o valor pelo qual todos os outros valores vieram a ser avaliados e a referência pela qual a sabedoria acerca de todas as normas e resoluções supraindividuais devem ser medidas. Isso não significa, porém, que os ideais de beleza, pureza e ordem que conduziram homens e mulheres em sua viagem de descoberta moderna tenham sido abandonados, ou tenham perdido um tanto do brilho original. Agora, todavia, eles devem ser perseguidos – e realizados – através da espontaneidade, do desejo e do esforço individuais (p. 9).

O lugar da comunidade, dos valores estabelecidos, daquilo que é para ser continuado ou recriado pelos sucessores está relegado a um segundo plano.

Se por um lado as redes sociais oferecem a possibilidade do compartilhamento virtual de quase tudo o que concerne à vida privada, a importância da comunidade presencial e o compartilhamento de ideais sociais são cada vez menores na vida dos sujeitos.

Retomando, então, algumas questões sobre o trabalho do luto: se o estatuto do objeto que se perde no luto pode ser questionado e não coincidir, de fato, com o objeto da realidade, e concluímos que a realidade e sua "prova" estão permeadas pelos imaginários constituintes do testemunho que delas nos dá o outro, surgem alguns interrogantes sobre os limites que podem estabelecer uma diferença entre o normal e o patológico, o qual, por sua vez, são os parâmetros que fundamentam a intervenção, ou não, do analista na clínica do luto.

O que acontece quando os afetos de tristeza e dor inerentes ao trabalho de luto se tornam insuportáveis devido à lentidão que imprimem em todos os outros processos psíquicos, influenciando a capacidade produtiva, amorosa e sublimatória do sujeito? Existe na sociedade contemporânea espaço e tempo para vivenciar esse estado em toda sua complexidade? De que forma a ausência de ritos compartilhados afeta a vivência de autorização do luto sem torná-lo um empecilho para quem o suporta?

Estas e outras questões surgem com frequência cada vez maior.

A morte "seca", medicalizada ao extremo, que não deixa rastos externos muito visíveis no enlutado – nem nas roupas, tampouco na sua capacidade produtiva, ou mesmo como túmulo, parece constituir um ideal social que, muitas vezes, funciona como mandato superegoico mortífero para o sujeito. As questões que se apresentam são: se devemos encarar esses fenômenos como uma patologização do luto ou se podemos pensar que o luto normal é um conceito metapsicológico, permeado de ideologia e valores culturais, tais como os conceitos de sexualidade normal e genitalidade ou, ainda, se entendemos esse uso da palavra normal, como no caso do sonho, como fenômeno inconsciente.

É possível pensar que todas essas questões permeiam o texto de Freud.

Por um lado, ao falarmos de luto normal, estamos incluindo o processo de constituição do sujeito, já que na intersubjetividade fundante do inconsciente percorre-se um longo caminho de perdas sucessivas e investimentos libidinais e identificatórios. Na história clínica de cada paciente está inscrito esse reencontro sucessivo de objetos, e suas marcas e restos assombram nossa escuta a todo momento. Esta conceituação do normal está mais próxima do que consideramos inevitável do que com uma ideia de norma ou modelo ideal.

Ao mesmo tempo, o aspecto cultural, ideológico e normativo se faz presente ao supor a existência de um luto que seria totalmente assimilável pelos traços identificatórios e que não deixaria rastos de dor e angústia decorrentes daquilo que se reconhece como insubstituível do objeto. Aparentemente, Freud teria reconhecido essa condição em uma carta a Binswanger, em 1929, referindo-se à morte da filha acontecida nove anos antes: "É sabido que o luto agudo causado por tal perda encontrará um fim, mas que ficaremos inconsoláveis, sem jamais encontrar um substituto. Tudo que assumir esse lugar, ainda que o ocupe inteiramente, permanecerá sempre algo do outro" (Allouch, 2004, p. 61).

Chama a atenção a palavra "agudo" para caracterizar o luto. "Agudo" não se inscreve na série normal-patológico-melancólico e parece acenar para uma intensidade traumática que está ausente do texto freudiano de 1917.

Que o luto chegue ao fim, para Freud, supõe a recuperação do *quantum* de libido antes destinado ao objeto perdido, no marco de um aparelho psíquico concebido como limitado em seu capital libidinal.

A possibilidade de pensarmos o psiquismo como um espaço aberto e complexo, onde o novo penetre para criar fontes de energia e reorganizações provisórias que constituam novos fluxos identificatórios no sujeito, abre-nos perspectivas para outra leitura sobre o luto.

Destarte, o trabalho analítico com um paciente enlutado supõe o reconhecimento do aspecto traumático que, podemos crer, todo luto traz consigo. Algo inassimilável à procura de significação ou de construção, nos moldes do agir da pulsão de morte. A intervenção analítica se justifica, inclusive, como subversão do modelo cultural vigente, ao oferecer uma escuta presencial das palavras que nomeiam a morte do outro e que abrem caminho para isso que insiste em ser simbolizado.

A experiência de escuta de pacientes enlutados é algo corriqueiro na clínica analítica. Não há dúvidas de que a intervenção do analista também ocorre – apesar da enfática prescrição freudiana em sentido contrário – talvez amparada pela suposição de existência de um luto patológico. Mas como saber isso *a priori*?

É passível de conclusão que todo luto exige um reposicionamento subjetivo que se beneficia da escuta analítica e que, muitas vezes, perante a omissão do analista, é substituído pela medicalização da dor e da angústia.

Acolher a dor significa acompanhar o paciente em suas interrogações sobre o que perdeu de si no objeto e que não necessariamente recuperará em outro, sem que isso represente uma patologia.

Referências bibliográficas

ALLOUCH, J. *Erótica do luto no tempo da morte seca*. Rio de Janeiro: Companhia de Freud, 2004.

BAUMAN, Z. *O mal-estar da pós-modernidade*. Rio de Janeiro: Jorge Zahar, 1998.

FREUD, S. (1915). Duelo y melancolía. *Obras completas*. Buenos Aires: Amorrortu, 1988, v. XIV.

TEMPO SOCIAL. *Revista de Sociologia do Departamento de Sociologia da Faculdade de Filosofia, Letras e Ciências Humanas da Universidade de São Paulo*. v. 16, n. 1. São Paulo, jun. 2004.

9.

A função integradora da neurose[1]

O título deste trabalho desafia nosso pensamento, já que, intuitivamente, podemos pensar a neurose muito mais associada à patologia dos fenômenos psíquicos do que incumbida de alguma função de integração destes. Considero, no entanto, que é importante que possamos trabalhar cada um dos conceitos e noções contidos no título para evitar simplificações ou uma compreensão inadequada da complexidade da possibilidade de subjetivação neurótica.

Para tanto, nos deteremos brevemente nos conceitos de *função* e de *neurose* e na noção de *integração*, fazendo uma leitura a partir do referencial teórico da psicanálise. Para pesquisarmos, ainda, a existência de alguma função organizadora e integradora nesse processo de estabelecimento da neurose, devemos nos interrogar, também, sobre a função do sintoma neurótico, os tipos de pulsão e sua intensidade

1 Apresentado no *V Simpósio de Psicossomática Psicanalítica*, promovido pelo Curso de Psicossomática do Instituto Sedes Sapientiae (São Paulo), no dia 7 de junho de 2013.

e fazer um breve percurso pela constituição do sujeito e os modos de intervenção da clínica psicanalítica.

Da leitura do conjunto da obra de Lacan, depreende-se que o conceito de função é utilizado no mesmo sentido que ele tem em matemática, em que as funções descrevem relações matemáticas espaciais entre dois elementos. Mais precisamente, pode-se dizer que uma função estabelece uma relação entre dois conjuntos de elementos diferentes e entre os elementos de cada conjunto. Essa ideia de *função*, em psicanálise, adquire sentido pensando numa estrutura na qual determinados lugares e funções são necessários para a obtenção de resultados, como a constituição do sujeito psíquico. Ao mesmo tempo, o conceito de *função* sugere que certas leis gerais devem ser observadas no estabelecimento das relações entre os elementos.

Exemplos de funções largamente teorizadas pela psicanálise são as funções paterna e materna. É comum a confusão entre o estatuto teórico do conceito de *função* e a existência ou não de um homem e uma mulher que geraram um filho biológico. Este filho, para tornar-se um sujeito psíquico, deverá percorrer um longo caminho de constituição e diferenciação, que só se torna possível na relação com outros que possam exercer as funções mencionadas.

Infelizmente, os nomes "materna" e "paterna" para essas funções carregam uma marca ideológica precisa que torna muitas vezes obscura a compreensão do conceito. Talvez, se pudéssemos falar das funções de acolhimento e separação ou das funções de erotização e inscrição na cultura, ficaria mais claro que elas não são uma atribuição de gênero, mas condições necessárias à constituição subjetiva, que podem ser exercidas por homens e/ou mulheres.

Sem dúvida, essas funções colocarão em evidência as marcas da própria constituição subjetiva de quem as exerce e estabelecerão correlações diferenciadas de elementos para cada sujeito. A ideia de correlação de elementos que pertencem a conjuntos diferentes pode nos aproximar do segundo item do título desta mesa: *função integradora*.

A integração é uma noção que remete a processos de elaboração das clivagens iniciais do aparelho psíquico. No texto freudiano (Freud, 1920 e 1938), as noções de *coesão*, *reunião* e *síntese*, no sentido de uma *integração*, são utilizadas como referência à ação da pulsão de vida, que *integra* diversos elementos em unidades cada vez maiores. Quando se refere às fases de organização da libido, Freud (1905) prefere o termo *subordinação* (das pulsões e zonas erógenas pré-genitais à genitalidade). De todo modo, é o conceito de *ressignificação* que prevalece no texto freudiano, para dar conta das correlações causais entre diferentes elementos.

É importante ressaltar que o conceito de *ressignificação*, em psicanálise, define uma forma de causalidade *a posteriori*, indispensável para entendermos que não se trata de um modelo evolutivo e cronológico. Os momentos de complexidade e de organização do sujeito não se sucedem espontaneamente, pelo simples decorrer do tempo: eles apontam para formas de organização do aparelho psíquico que são construídas na intersubjetividade e que, por sua vez, são constituintes de novas formas de funcionamento psíquico.

Entretanto, se integrar significa trazer para o conjunto elementos que estão dispersos ou a inclusão de novos elementos num sistema, podemos considerar que seu sentido, na psicanálise, não se altera de maneira significativa em relação ao uso habitual do termo.

Continuando com a análise do título do nosso debate, o terceiro item em pauta é a neurose: *função integradora da neurose*. A definição psicanalítica de *neurose* nos remete, inicialmente, a um conflito entre instâncias do aparelho psíquico. Freud (1924) define a neurose como um conflito entre o isso e o eu, ou seja, entre as aspirações e desejos inconscientes e as interdições impostas pelos mecanismos de defesa do eu. Esse conflito gera satisfações substitutivas, sintomáticas e muitas vezes angustiantes para o sujeito, instalando um processo patológico, repetitivo e empobrecedor da vida psíquica.

Parece existir, à primeira vista, uma contradição entre um processo que se caracteriza como um conflito empobrecedor da vida psíquica e sua possível função de organização e integração desta.

A descoberta da sexualidade infantil, que colocou Freud no caminho da formulação de uma etiologia sexual das neuroses, foi o primeiro passo de um longo percurso teórico que tentarei desenvolver adiante em breves linhas, e que culmina com a afirmação anterior, qual seja, a de definir a neurose como um conflito entre instâncias do aparelho psíquico.

Como se constitui a neurose? E o sujeito?

Ao falar da constituição do sujeito, refiro-me ao complexo processo que inclui, no dizer de Freud (1905), os aspectos constitucionais e os adquiridos – principalmente através das vivências infantis – que serão, por sua vez, ressignificados ao longo da vida.

Podemos pensar neste processo de formas diversas:

- ao tomar seu aspecto de complexificação interna: "Ali onde era o isso, o eu deve advir" (Freud, 1932, p. 74);
- ao verificar o fenômeno de diferenciação do eu e do outro;
- ao estabelecer os limites de autonomia e de dependência em relação à cultura;
- ao pesquisar a apropriação do corpo e a erogeneização deste.

Esses fenômenos, separados de forma didática nesta exposição, estão, obviamente, unidos de maneira indissolúvel no seu percurso.

Seria impossível pensar na complexificação progressiva do aparelho psíquico sem a presença do outro que incide na sua formação, com seu amparo e, também, com sua agressividade. Outro que, por sua vez, está marcado pelas suas próprias vivências infantis, pela cultura da qual faz parte e pelos próprios limites de autonomia em relação ao seu desejo.

A intersubjetividade é constituinte para este futuro sujeito que nasce no desamparo essencial característico do humano, que é dependente para sobreviver; portador de um nome que lhe foi imposto; herdeiro de uma genealogia que lhe transmite emblemas culturais; sujeito a um corpo que demanda satisfações de diversos tipos. Assim, o bebê que nasce terá pela frente um longo caminho de escolhas objetais e identificatórias antes de vir a se constituir como um "bom neurótico".

No pensamento freudiano são teorizados dois momentos muito importantes de ressignificação e constituição subjetiva que determinam, de alguma maneira, o estabelecimento das diferenças entre neurose, psicose, perversão e psiconeurose narcísica (melancolia). São eles: a instauração do narcisismo e o complexo de Édipo.

A constituição do eu pelo narcisismo é um belo exemplo de um momento de integração de elementos dispersos num novo sistema. A possibilidade de reconhecer os limites do próprio corpo, mesmo que através de uma projeção imagética deste, dá início ao árduo caminho da diferenciação entre o eu e o outro. Este processo oferece um primeiro e precário invólucro às caóticas percepções que constituíam as experiências de prazer e desprazer presentes até esse momento, propiciando uma nova organização libidinal. É importante remarcar que se trata, ainda, de uma integração frágil e alienante.

Freud (1914) define o narcisismo como uma nova forma de organização libidinal que resulta na constituição de um eu precário, projeção da imagem do próprio corpo, primeira diferenciação – deformada ainda pelo desejo – dos limites entre o eu e o outro. Essa diferenciação baseada no princípio de prazer-desprazer confunde o eu com tudo que é bom e expulsa o mal para fora dos seus limites. Nesse sentido, e para exemplificar, o seio que alimenta e dá prazer faz parte do eu. Boca-seio, numa amálgama indiferenciada, constituem-se dentro dos limites da própria imagem do corpo projetada como eu.

Do ponto de vista teórico o conceito de *narcisismo* inaugura uma nova leitura da constituição do eu, como instância do aparelho psíquico resultante do interjogo subjetivo dos pais com a criança[2].

Uma conceituação mais aprofundada do objeto de amor também se depreende da leitura do texto "Sobre o narcisismo: uma introdução" (Freud, 1914), retomando o que já fora dito anteriormente em "Pulsões e seus destinos" (Freud, 1915)[3].

---

2 O narcisismo da criança nada mais é do que o narcisismo redivivo dos pais, diz Freud (1914) em "Sobre o narcisismo: uma introdução".

3 Se, no texto de 1915 ("Pulsões e seus destinos"), o amado coincidia com o eu, e o odiado era tudo aquilo reconhecido como não eu, a formulação do narcisismo multiplica as opções do que entendemos como eu, incluindo as instâncias idealizadas.

A partir dos desenvolvimentos atuais sobre as questões de gênero, é lícito afirmar que a identificação de gênero, por exemplo, coincide com a fase de organização narcísica da libido. A diferença entre ser uma menina ou um menino é formulada pelas crianças muito antes que a angústia de castração determine a *sexuação* dos sujeitos e sem que necessariamente esta coincida com aquela[4].

A introdução do conceito de *narcisismo* na teoria psicanalítica, com a consequente reformulação teórico-clínica que acarreta, remete-nos a várias questões cruciais da clínica e da teoria psicanalítica, tais como a constituição do sujeito psíquico, a reformulação da teoria pulsional e o esboço das instâncias ideais do aparelho psíquico, prenúncio da segunda tópica formulada por Freud (1920).

Este primeiro momento de organização do caos pulsional imperante até então, apesar de estar aprisionado nas malhas da deformação desejante e de impor ao sujeito identificações imaginárias e indiferenciadas, constitui uma primeira forma de integração subjetiva. A idealização é a marca desta forma

4 Silvia Bleichmar (2006) trabalha essa questão e afirma, em relação à constituição da sexualidade masculina: "(*Há*) um primeiro tempo no qual se institui a identidade de gênero. Essa identidade não assume ainda um caráter genital, não se sustenta no reconhecimento da diferença anatômica, mas já implica, porém, uma posição em relação à bipartição em cujo interior o outro significativo *de forma geral* determina os rasgos identitários correspondentes: 'você é menina ou menino'; e isso implica vestir-se de certa forma, preferir determinadas brincadeiras e, até, manifestar emoções de um ou outro jeito" (p. 27).

de subjetivação: eu ideal e objetos profundamente idealizados desenham o panorama do narcisismo.

Podemos nos perguntar se o sujeito descrito anteriormente pode ser considerado um neurótico. Para a psicanálise, é claro que não.

Construção: simbolização e interdição

O caminho para a neurose implicará uma nova reorganização pulsional, muito mais sofisticada, cujo efeito será o de produzir uma maior complexificação do aparelho psíquico e a *sexuação* do sujeito. Entende-se por isto a instauração de zonas erógenas preponderantes para a obtenção de prazer sexual (sempre lembrando que preponderante não significa exclusiva), a escolha do objeto sexual e o reconhecimento da diferença sexual anatômica.

No que se refere à complexificação do aparelho psíquico, as identificações secundárias, herdeiras do complexo de Édipo, darão nova consistência ao eu e originarão o supereu/ideal do eu.

Freud (1937a) afirma em "Análise terminável e interminável": "Os mecanismos de defesa tornam-se modos regulares de reação do caráter, que se repetem durante toda a vida, tão logo retorna uma situação parecida com a originária" (p. 239) e esclarece que, "a partir de um desses mecanismos, o recalque, teve início o estudo dos processos neuróticos em geral" (p. 238).

Estamos, então, nos aproximando da neurose. O recalque secundário, decorrente da elaboração do complexo de Édipo, que tornará inconscientes os conteúdos sexuais e agressivos vinculados às primeiras escolhas de objeto, dividirá o sujeito para sempre.

O mal-estar decorrente do conflito entre suas aspirações desejantes e os limites impostos pela cultura e o princípio de realidade será inevitável. O sintoma neurótico faz sua aparição em cena como expressão do sofrimento acarretado pela neurose, mas também se oferece como objeto do investimento pulsional que não pode ser desviado para fora do aparelho psíquico. O recalcado retorna na neurose, à procura de satisfação. As possibilidades defensivas do eu, a intensidade pulsional e a censura do supereu estabelecem um delicado equilíbrio constitutivo da subjetividade humana. Segundo Freud (1937a), o que pode marcar uma diferença entre neurose e normalidade é o fator quantitativo[5]. Ainda segundo ele, a retificação *a posteriori* do processo de recalque diminui o hiper-poder do fator quantitativo que ele vincula à intensidade pulsional e, portanto, é considerada "a operação genuína da terapia analítica" (p. 230). Entendo, assim, que

[5] "Partamos do pressuposto de que a análise não consegue, no neurótico, mais do que a pessoa sã consegue sem o seu auxílio. Mas, no são, como ensina a experiência cotidiana, toda decisão de um conflito pulsional é válida somente para uma determinada intensidade de pulsão; ou seja, só é válida dentro de uma determinada relação entre a robustez da pulsão e a robustez do eu" (Freud, 1937a, p. 228).

esse fator quantitativo refere-se tanto aos excessos pulsionais quanto à existência de recalque excessivo.

A retificação do processo repressivo realiza-se por meio da operação sobre os conteúdos recalcados e esquecidos, e também sobre aquilo que, sem representação no aparelho psíquico, insiste em ser significado. Nomear, simbolizar e, às vezes, barrar a intensidade da pulsão de morte ou o efeito traumático da pulsão sexual são as operações levadas a cabo durante o processo analítico, com o auxílio das interpretações e construções que se alternam na ressignificação da história do paciente.

Vale a pena ressaltar a diferença entre construção e interpretação, já que elas apontam a tipos de materiais psíquicos distintos.

Se a interpretação é a intervenção sobre um fragmento do material apresentado pelo paciente – como um sonho ou um ato falho – a construção realizada pelo paciente e/ou pelo analista é a ressignificação de diferentes aspectos da história passada e do presente transferencial, que dá conta do material que nunca poderia ser lembrado porque jamais foi esquecido. É o que insiste como compulsão de repetição empobrecedora e mortífera.

O valor de verdade inconsciente desse tipo de construção equivale, para Freud (1937b), à verdade de uma lembrança efetivamente recuperada e é confirmado pelas posteriores associações do paciente e pelos efeitos na sua subjetividade.

Podemos pensar que existe uma função integradora na construção em análise, na medida em que articula diferentes elementos que parecem não pertencer ao mesmo conjunto, outorgando um sentido novo a diversos fenômenos psíquicos?

Em certo sentido, a construção em análise se assemelha à constituição do sujeito que, como vimos anteriormente, ressignifica o caos pulsional inicial por sucessivas releituras da realidade psíquica. Entretanto, é importante não restringirmos sua função à integração de elementos dispersos e prestarmos atenção, também, ao seu papel de eliminação e desconstrução de imaginários, na procura da verdade inconsciente que insiste em ser representada. Lembremos que a intervenção analítica pauta-se por *la via de levare* e não *de porre*, assemelhando-se ao trabalho do escultor, que retira da pedra o excesso para descobrir a forma, e não ao do pintor, que coloca sobre a tela em branco sua criação.

No famoso exemplo de construção citado por Freud (1937b), em seu texto "Construções em análise", podemos ver tanto a articulação de elementos dispersos (o nascimento do irmão, a nova relação com o pai, a ambivalência afetiva em relação à mãe etc.) quanto o "nunca mais" formulado por Freud e a consequente referência à desilusão[6].

[6] "O senhor, até a idade X, considerou-se o único e irrestrito possuidor da sua mãe. Veio então um segundo filho e, com ele, uma séria desilusão. Sua mãe o abandonou por um tempo e, depois, nunca mais voltou a dedicar-se ao senhor com exclusividade. Seus sentimentos para com sua mãe tornaram-se

Há uma possibilidade de um novo sentido para fatos diversos, mas se faz presente a interdição daquilo que já não será possível. Instaura-se assim uma nova temporalidade: um antes, um depois e um nunca mais. Essa temporalidade se contrapõe ao presente contínuo da repetição e ao futuro idealizado do narcisismo. E essa dupla função de simbolização e interdição é o que permite integrar novos elementos a um conjunto e gerar uma verdadeira *neogênese*[7] no aparelho psíquico.

Nesse sentido, a neurose exerce uma função de integração que apresenta falhas, tanto na simbolização quanto na interdição dos excessos pulsionais, de onde decorrem o sofrimento psíquico e a repetição que a caracterizam. Sem dúvida, outras formas de organização são ainda mais primitivas e alienantes, como o delírio da psicose, por exemplo.

Ainda que não exista um parâmetro que nos permita estabelecer uma diferença qualitativa entre a normalidade e a patologia, espero ter enunciado alguns critérios que podem nos orientar para o estabelecimento de diferenças entre as patologias e ampliar o nosso debate sobre a função de integração da neurose.

---

ambivalentes, seu pai adquiriu uma nova significação para o senhor etc." (Freud, 1937, p. 262).

7 "Quando se intervém em momentos estruturantes do funcionamento psíquico – o que eu chamo de intervenções analíticas – para produzir, por exemplo, uma passagem da relação binária a uma relação terciária em uma análise de crianças, inaugura-se um processo de neogênese: algo que não estava formado previamente e que não teria se instalado por si mesmo, se produz por causa da intervenção analítica" (Bleichmar, 1999, p. 37).

REFERÊNCIAS BIBLIOGRÁFICAS

BLEICHMAR, S. *Clínica psicoanalítica y neogénesis*. Buenos Aires: Amorrortu, 1999.

______. *Paradojas de la sexualidad masculina*. Buenos Aires: Paidós, 2006.

FREUD, S. (1905). Tres ensayos de teoría sexual. *Obras completas*. Buenos Aires: Amorrortu, 1989, v. 7.

______. (1914). Introducción del narcisismo. *Op. cit.*,v. XIV.

______. (1915). Pulsiones y destinos de pulsión. *Op. cit.*, v. XIV.

______. (1920). Mas allá del princípio del placer. *Op. cit.*, v. XX.

______. (1924). Neurosis y psicosis. *Op. cit.*, v. XIX.

______. (1932). Nuevas conferencias de introducción al psicoanálisis. 31ª Conf. La descomposición de la personalidad psíquica. *Op. cit.*, v. XXII.

______. (1937a). Análisis terminable e interminable. *Op. cit.*, v. XXIII.

______. (1937b). Construcciones en el análisis. *Op. cit.*, v. XXIII.

______. (1938). Esquema del psicoanálisis. *Op. cit.*, v. XXIII.